身近な事例で学ぶ ケアマネジャーの倫理

宮脇 美保子
石山 麗子

中央法規

はじめに

　わが国は、世界に類をみない速さで高齢化が進んでいます。総人口に占める65歳以上の高齢者の割合は、1950（昭和25）年には5％に満たなかったのですが、1970（昭和45）年には「高齢化社会」といわれる7％を超えました。

　その後、わが国の高齢者人口は、1994（平成6）年に14％を超え「高齢社会」となり、2007（平成19）年には21％を突破し「超高齢社会」の段階に入りました。2017（平成29）年現在、高齢者は総人口の27.7％を占めるに至りましたが、これでとどまるわけではなく、高齢化は今後も右肩上がりで進行していきます。こうした社会にあって、高齢者になっても最期まで健康で自分らしくありたいと考えるのは万人の願いといえるでしょう。

　しかし、加齢や疾病に伴う身体機能の低下によって、いつかは少なからず他者の介護を必要とする日が訪れることは誰もが知っています。では、その介護は誰によって行われるのでしょうか。少子高齢化、女性の社会進出等が進む現代社会においては、以前のように家族だけで介護を引き受けることは困難です。わが国では、介護が必要になった高齢者やその家族を社会全体で支えていくための仕組みとして2000（平成12）年に介護保険が制度化され、同時に本制度を円滑に機能させる「連絡調整役」を担う新たな職業として介護支援専門員（ケアマネジャー）という職業が誕生しました。

　他者からの支援を受けて日常生活を送る人にとって、自分がどのように取り扱われるかは、自身の尊厳やQOLを左右する重要な問題です。介護を必要としている人の願いは、自分の意思が尊重され、人として大切に扱われるということではないでしょうか。こうした「個人の尊厳」が守られることは一見当たり前のことだと思われますが、さまざまな事情や思いを抱えている人たちのなかで「個人の尊厳」を守り抜くことは容易なことではありませ

ん。ゆえに、ケアマネジャーは、最善を尽くそうと努力する過程において、日々、さまざまな倫理的葛藤と向き合っていくこととなります。

　本書は、そうしたケアマネジャーの皆さんが現場で直面する倫理的葛藤や問題の解決に向けて、少しでもお役に立つことができればという願いから企画されました。内容は、職業倫理に関する基礎的な知識とともに、日々遭遇しやすい倫理的問題の分析とその対応などについて述べております。また、本書は、倫理的感受性を高めるための自己学習のほかにも、事業所や地域で仲間とともに話し合う際の教材として活用していただけます。

　本書によって、1人でも多くのケアマネジャーが高い倫理的感受性をもって、利用者の尊厳を守り、ご自身の仕事に対する誇りを高める手助けができることを願って。

2019年2月

国際医療福祉大学大学院教授

石山　麗子

身近な事例で学ぶ
ケアマネジャーの倫理

目　次

はじめに

序章　なぜ、ケアマネジャーに倫理が求められるのか

- Ⅰ　個人の尊厳を守る役割 …………………………………………… 10
  - 1　個人の尊厳を守ること ……………………………………… 10
  - 2　今、ケアマネジャーが倫理的感受性を高める意義 ……… 11
  - 3　倫理的感受性を高めるために ……………………………… 13
- Ⅱ　専門職に求められる倫理 ………………………………………… 17
  - 1　専門職とは …………………………………………………… 17
  - 2　専門職と倫理綱領 …………………………………………… 18
  - 3　利用者中心のケアマネジメント …………………………… 20

第1章　倫理実践のための基礎知識

- Ⅰ　倫理とは何か ……………………………………………………… 26
  - 1　道徳・倫理・法の整理 ……………………………………… 26
  - 2　専門職における倫理と責任 ………………………………… 28
- Ⅱ　価値の検討 ………………………………………………………… 31
  - 1　価値とは何か ………………………………………………… 31

2　価値の意識化……………………………………………………………31
　　3　個人的・職業的・組織的価値と感情……………………………………32
　Ⅲ　倫理原則………………………………………………………………………35
　　1　倫理原則が生まれた背景………………………………………………35
　　　1　臨床研究……………………………………………………………35
　　　2　日常診療……………………………………………………………38
　　2　医療倫理の原則…………………………………………………………41
　　　1　自律尊重（respect for autonomy）……………………………41
　　　2　善行（与益・恩恵）（beneficence）………………………………45
　　　3　無危害（non-maleficence）………………………………………45
　　　4　正義（justice）……………………………………………………45
　　3　臨床倫理の4分割法……………………………………………………46
　　4　ケアの倫理………………………………………………………………46

第2章　ケアマネジャーと倫理

　Ⅰ　ケアマネジメント機能の3期分類……………………………………………52
　　1　ケアマネジメント機能の変遷とその分類………………………………52
　Ⅱ　ケアマネジメント機能と業務の変遷…………………………………………54
　　1　最小限モデル……………………………………………………………54
　　　1　介護保険制度の周知に貢献したケアマネジャー…………………54
　　　2　職業的アイデンティティー確立に向けて…………………………55
　　　3　利用者の声を聴く…………………………………………………56
　　　4　ケアマネジャーの価値観に基づいた実践…………………………56
　　　5　知名度は低く、連携も困難…………………………………………56
　　2　より深い個別支援をめざした調整機能強化モデル……………………57
　　　1　量的確保に向けた民間サービスの参入……………………………57

2　ケアマネジャーの責務……………………………………………………58
　　3　変化する社会のニーズに応えるケアマネジメントへ………………59
　　4　多職種連携…………………………………………………………………60
　　5　尊厳の保持の明記…………………………………………………………61
　　6　介護支援専門員（ケアマネジャー）に関する法改正………………62
　　7　ケアマネジャーと事業所に関する規定………………………………64
　　8　事業所の質の担保に関する規定…………………………………………66
　　9　秘密の保持…………………………………………………………………67
　　10　職能団体の設立と倫理綱領の採択………………………………………68
　3　個別支援から地域づくりにつなぐ包括的モデル……………………68
　　1　人口減少社会に対応した介護保険制度へのシフト…………………69
　　2　ケアマネジャーの資質向上に向けた取り組み………………………73
　　3　地域共生社会に対応するケアマネジメント…………………………74
　　4　ケアマネジメント実践者の自律性と独立性…………………………75

Ⅲ　介護支援専門員の倫理綱領……………………………………………78
　1　介護支援専門員が公言した社会との約束………………………………78
　2　「介護支援専門員　倫理綱領」と倫理綱領解説………………………80
　　1　倫理綱領の前文……………………………………………………………81
　　2　倫理綱領の条文……………………………………………………………81

第3章　事例を通して考えるケアマネジメントにおける倫理

Ⅰ　利用者・家族とケアマネジャーとの間で直面する倫理的問題……………………………………………………………………106
　1　はじめに……………………………………………………………………106
　2　個人的価値観と職業的価値観の対立から生じる問題…………………107
　3　利用者の家族役割に対する偏見から生じた問題………………………112

4　配慮不足により、利用者の尊厳を傷つけた問題……………………118
　　5　利用者の安全と守秘義務の対立から生じる問題………………………124
　　6　利用者より家族の意向が優先されることに関する問題……………129
　Ⅱ　ケアマネジャーの専門職意識にかかわる倫理的問題………………134
　　1　専門職意識の希薄さに関する問題………………………………………134
　　2　個人情報紛失による情報漏洩の危険性に関する問題………………139
　　3　コミュニケーション能力の不足から生じた問題……………………144
　　4　不適切な情報提供と情報共有にかかわる問題…………………………150
　　5　感情管理と不誠実さにかかわる問題……………………………………154
　　6　説明および配慮不足により家族の尊厳を傷つけた問題……………160
　　7　専門職意識にかかわる問題………………………………………………164
　　8　職業的価値と組織的価値の対立に伴う倫理的ジレンマ……………170
　Ⅲ　ケアマネジャーと関連職種間における倫理的問題…………………175
　　1　公正性、誠実性の欠如から生じた問題…………………………………175
　　2　個人情報の取り扱いにかかわる問題……………………………………179
　　3　利用者の利益と保険者との関係性にかかわる問題…………………183
　　4　利用者と家族の尊厳を傷つける介護事業所のかかわりに
　　　関する問題……………………………………………………………………188
　　5　制度上の制約から生じるリスクマネジメントにかかわる
　　　問題……………………………………………………………………………193
　　6　まとめ………………………………………………………………………198

第4章　利用者との信頼関係構築に向けて

　Ⅰ　信頼関係とは何か……………………………………………………………200
　　1　信頼とは何か………………………………………………………………200
　　2　専門職と利用者との信頼関係……………………………………………201

Ⅱ 信頼関係とコミュニケーション … 202
1 コミュニケーションはキャッチボール … 202
2 相互理解に不可欠なコミュニケーション … 204
3 ケアリング――ともに成長していく関係 … 204
4 対等な関係性 … 205

Ⅲ 言語的コミュニケーションと非言語的コミュニケーション … 207
1 コミュニケーションの要素 … 207
2 言語的コミュニケーション … 208
3 非言語的コミュニケーション … 209

Ⅳ コミュニケーションを深めるために … 211
1 自分を理解する … 211
2 他者への関心をもつ … 212
3 専門職としての自覚 … 213
4 ユーモアと笑顔 … 218

Ⅴ 非効果的コミュニケーションを避けるために … 220
1 専門用語・略語を用いない … 220
2 相手を批判しない … 221
3 根拠のない慰めをしない … 221
4 命令しない … 222
5 話すことを促すことなく、沈黙を大切にする … 223

Ⅵ チームアプローチにおけるコミュニケーション … 224
1 専門職としての責務 … 224
2 利用者第一主義 … 224
3 率直に話し合える関係 … 225
4 アサーション … 225
5 エンパワメント … 226

第5章 事例検討会や研究で配慮すべき倫理的視点

- Ⅰ 事例検討会における基本的配慮 …………………………………………………230
  - 1 基本的な配慮 ………………………………………………………………230
    - 1 専門職にとっての事例検討会 ……………………………………………230
    - 2 事例検討会の種類・主催者 ………………………………………………232
  - 2 利用者不在の事例検討会の現状と課題 ……………………………………243
- Ⅱ 研究における倫理的配慮 …………………………………………………………245
  - 1 研究倫理とは ………………………………………………………………245
  - 2 研究における倫理的配慮 …………………………………………………247
  - 3 研究倫理指針 ………………………………………………………………248

巻末資料

- ・医の倫理綱領 ……………………………………………………………………252
- ・看護者の倫理綱領 ………………………………………………………………253
- ・人生の最終段階における医療・ケアの決定プロセスに関するガイドライン ……………………………………………………………………255
- ・医療・介護関係事業者における個人情報の適切な取扱いのためのガイダンス（抄）…………………………………………………………258

おわりに ………………………………………………………………………………280
索引 ……………………………………………………………………………………283

序章

なぜ、ケアマネジャーに倫理が求められるのか

■■■■■■■■■■■■■■■■

序章では、なぜ、介護支援専門員（ケアマネジャー）に倫理が求められるのかについて簡潔に述べます。対人援助職であるケアマネジャーには、社会との信頼関係を築く専門職として、まさに倫理的判断とそれに基づく実行力が求められています。

Ⅰ 個人の尊厳を守る役割

1 個人の尊厳を守ること

　人は社会のなかで他者とかかわることなしに生きていくことはできません。そうであれば、多くの人は、できることならば他者とよい関係を築くことを望むでしょう。では、そのために必要なこととは何でしょうか。日本国憲法第13条前段では「すべて国民は、個人として尊重される」と規定しています。これは、自分も相手も独立した存在であることを理解したうえで、個人としての考え方や価値を最大限尊重するということです。人と人の間、すなわち社会で生活するなかで「個人として尊重される」ことは万人の願いですから、お互いに尊重し合うことがよい関係を築くための前提条件といえるでしょう。

　このことを対人援助職である介護支援専門員（以下、「ケアマネジャー」という）の立場から考えてみた場合、利用者の**「個人の尊厳」**を守ることが重要な職業的価値であることは容易に理解できるでしょう。ゆえに、「介護支援専門員　倫理綱領」（日本介護支援専門員協会）では、条文1で以下のように規定されています。

介護支援専門員　倫理綱領
（自立支援）
1．私たち介護支援専門員は、個人の尊厳の保持を旨とし、利用者の基本的人権を擁護し、その有する能力に応じ、自立した日常生活を営むことができるよう、利用者本位の立場から支援していきます。

では、ケアマネジャーが利用者の尊厳を守るために求められていることとは何でしょうか。

　第一に、介護保険制度の対象となる人は、利用者である前に1人の**生活者**であるということの理解が不可欠です。利用者の多くは、それぞれの人生をたくましく生き抜いてきた高齢者です。老化や疾患によって、今は他者の支援なくしては自立した生活を営むことが難しくなっているかもしれませんが、一人ひとりがさまざまな苦難を乗り越えてきた人生の先輩であり、敬うべき存在です。そうした無条件に敬うべき存在である利用者が、自立した生活ができないという理由で、介護者にぞんざいに扱われる、虐待を受けている、拘束されている……ということであれば、こうした状況は明らかに倫理的問題であり、ケアマネジャーとしての支援が求められます。

　第二に、人生の最終章を迎えた利用者が、その人らしく生活し、人生を全うできるように支援することが求められています。ケアマネジャーは業務を通して「利用者」と出会いますが、ケアマネジャーと利用者という関係以前に、同じ社会のなかでともに生活している「生活者」としての意識や感覚をもつこと、利用者が何を好み、何に幸せを感じるのかといった個別的な事柄を大切にする視点が不可欠です。すなわち、ケアマネジャーとしてかかわる職種との価値の調整が生じた場合には、利用者の生き方、価値観、自由意思を最大限尊重し、一人ひとりを個別の人生を生きる生活者として理解することが重要です。

　以上が、個人の尊厳を守るために必要な視点であり、ケアマネジャーに倫理が求められる理由の1つです。

2　今、ケアマネジャーが倫理的感受性を高める意義

　個人の尊厳を守ることは、ケアマネジャーに求められる最も重要な役割ですが、そのためには、日常業務を倫理的視点から見直す必要があります。詳しくは第2章で述べますが、ケアマネジャーの行動指針となるのは、職能団

体である日本介護支援専門員協会が2007（平成19）年に採択した「介護支援専門員　倫理綱領」であり、これは前文と12の条文から成っています。

　倫理綱領は専門職として当然守るべき行動指針ですが、日常業務においてはいつの間にか「これが当たり前」「仕方がない」といったように、倫理的問題があるにもかかわらず、そうした状況に対する関心が低下したり、問題を軽視する傾向が出てきます。したがって、ケアマネジャーには、常に利用者にとっての最善を考えるための倫理的感受性を高める努力が求められます。

　倫理的感受性とは、日常の援助実践のなかで生じている倫理的状況に対して、「これでよいのか」「何かおかしい」といったように、本来あるべき姿と現在起こっていることのギャップを倫理的問題として認識し、分析し、対応していく能力です。たとえば、利用者の尊厳が傷つけられたり、個人情報が漏洩する危険性があるといった状況に対して、何が問題であり、どのように対応すべきかということを考え、解決に向けて対応していく能力です。倫理的感受性は、そもそも個人がもっている道徳観が基盤となりますが、倫理原則や倫理綱領といった倫理的知識を身につけることにより、高めることが可能です。

　専門職にとって職業的価値観の内面化が基礎教育における重要な役割といえますが、ケアマネジャーの場合、基礎資格がバラバラであるという特徴があります。ゆえに、ケアマネジャーとしての職業的価値観の共有が十分できているとはいえないのが現状です。さらに、ケアマネジャーと利用者という関係性の影響も考えられます。本来、介護サービスは利用者のためのものですが、ケアマネジャーは、業務の効率性を優先する傾向がないとはいえず、利用者の個別性に対する配慮が不足してしまうことがあります。

　しかし、制度が誕生してすでに20年近くが経過した現在、ケアマネジャーには、利用者本位のケアマネジメントを実践し、社会の信頼に応え得る、真の専門職として自律することが求められているということを認識する必要があります。

3 倫理的感受性を高めるために

　専門職であるためには、高度な専門的知識や技術を修得するだけでなく倫理的であることが不可欠ですが、「何かおかしい」「これでよいのか」と感じたり、気づいたりするためには、意識的に観察したり、考える必要があります。また、なぜ違和感を覚えたのかを明らかにするうえでは、自分自身の個人的な価値観を知っておくことが重要です。なぜなら、自分が何に価値をおいているのかを意識することで、他者との価値を調整することが可能になるからです。ここでは、ケアマネジャーと利用者・家族とのかかわりを通して、倫理的課題について考えてみましょう。

　織田さん（83歳、女性）は、通所介護と訪問介護を利用し1人で暮らしています。県外に長女が住んでいます。織田さんは、性格は控えめで、自分のことに関しては多くを語りません。ケアマネジャーは、織田さんが少しでも長く在宅で生活できることがよいことだと思い、そのために最善を尽くしていました。

　ある日、ケアマネジャーと織田さんとの面談に立ち合った長女から、「母と話し合って施設に入所することに決めました」という報告を受けました。施設への入所を希望していることを突然聞いたケアマネジャーは、なぜ、そのような話になったのかがわからず困惑し、「織田さんはまだ在宅での生活を継続できると思いますし、私も全力で支援させていただきます」と言いました。すると長女からは、「いろいろ話し合った結果として施設に入所することに決めたんです。よくしていただいたのに本当にごめんなさいね」と謝られるのみでした。

> 織田さんは、少し前から長女に「1人で生活するのはつらくなってきたから、施設に入ることを考えたい」と話していたようです。

　この事例では、ケアマネジャーが織田さんに対して行った支援の妥当性について検討してみましょう。なぜ、ケアマネジャーは、織田さんが施設に入りたいという話を聞いたときに困惑したのでしょうか。ケアマネジャーは自身が支援したことを織田さんも望んでいると思っていたところ、そうではなかったことがわかり、自身の支援の妥当性について再検討する必要が生じました。そもそも、ケアマネジャーが実施した支援の根拠となったのは、誰のどのような価値観に基づいていたのでしょうか。契約当初、織田さんはどのような意向をもっていたのでしょうか。推察になりますが、十分な選択肢が提供されたうえでの意思表示ではなかった可能性があります。織田さんの当初の状況として次のようなことが考えられます。
① 織田さんは、当初は自ら在宅での生活を望んでいた。
② 織田さんは、在宅以外の選択肢があることの情報提供がなかったため、

ケアマネジャーから提示された在宅サービスを利用する選択をした。
③　織田さんは、施設に入所するという選択肢を知っていたが、担当ケアマネジャーに言えなかった。

　本事例のケアマネジャーは、居宅のケアマネジャーであったこともあり、当初から居宅サービスの利用を前提に支援を進めていた可能性が考えられます。仮に織田さんが在宅を望んでいたとしても将来を見据えたうえで、施設利用の選択肢があることについても情報を提供する必要がありました。ケアマネジャーには「中立性」が求められますが、本事例では、ケアマネジャーの価値観に基づいた情報提供の不足や偏りによって利用者に不利益を与えるかかわりをした可能性も否定できません。

　また、織田さんは支援の過程で長女に「1人で生活するのはつらい」という思いを表出していますが、ケアマネジャーに直接伝えることはしていませんでした。その理由としては、織田さんの性格が控えめであることも影響していることが考えられますが、ケアマネジャーが「在宅生活を継続すること」に価値をおいていたことから、織田さんは自身の意向を率直に表明できなかった可能性があります。それは、長女から発せられた「施設に入所することに決めてしまってごめんなさいね」という言葉から推し量ることができます。ケアマネジャーは、織田さんのために善かれと思って支援してきたこともあり、長女からは相談ではなく「施設に入所します」という報告に対する戸惑いや、「本当にごめんなさいね」というお詫びの言葉に「なぜ？」といった疑問をもったことでしょう。こうした「疑問」を感じたときこそ、利用者に対する自分のかかわり方を倫理的視点から振り返る必要があります。

　最善の支援を実施するうえで最優先すべきは利用者の意向です。ケアマネジャーは、支援開始時点で自分が「在宅での生活」に価値をおいていることを認識していれば、意識的に織田さんの意向を確認することができ、無理に誘導することなく最善の選択に向けた価値の調整をすることもできたでしょう。本事例におけるケアマネジャーの反省点は、自身が考える「織田さんのため」の支援をしていましたが、それは「織田さんの立場から」の視点では

なかったことにあるといえるでしょう。

　このように、専門職として責任を果たすためには、たとえば、
- 介護支援専門員　倫理綱領の条文に基づいた行動であるか検討する
- 自身の選択の妥当性について、ほかのケアマネジャーに意見を求める
- 自分の価値観や感情について振り返る
- 事例検討などにより、倫理的感受性を高める

などの方法があります。

　ケアマネジャーが専門職としての信頼を得ることができるのは、利用者や家族が求めているニーズを適切に判断し、ケアマネジメントを実践することです。

　本書では、第1章では倫理の基礎知識の確認を、第2章では介護支援専門員の倫理綱領を読み解き、ケアマネジャーとしての倫理的視点のよりどころを明確にしていきます。そのうえで、第3章では、先述したような事例を用いた検討を行い、第4章で利用者との信頼関係の構築について、最後に第5章で実践の質を高めていくうえで役立つ、事例検討会や研究での倫理的配慮について学びます。これらの学びから、倫理的感受性を高めていきましょう。

II 専門職に求められる倫理

1 専門職とは

　専門職といわれてすぐに思い浮かべるのは「医師」や「法律家」でしょうか。中世ヨーロッパでは、医師、法律家に加えて「聖職者」が伝統的専門職として社会に認知されていました。これらの職業に共通しているのは、人々が社会で生活するうえで不可欠な専門的サービスを提供しているということです。医師は、人の生老病死にかかわり健康に寄与してくれる存在であり、法律家は、他者との争いにおいて法律の知識をもって人権を守り、社会的な関係を調整してくれます。聖職者は、わが国では専門職といわれても思い浮かびにくい職業ですが、予後不良の診断名を告げられたり、災害や戦争等で突然大切な人や物を失って心に深い傷を負った際に、魂を救い、癒しややすらぎを与えてくれるといった心の苦しみを和らげてくれる存在でした。わが国でも、東日本大震災を契機に多忙な医師や看護師とともに、宗教家の立場から終末期にある人々に寄り添い心理的な支援を行う「臨床宗教師」と呼ばれる宗教者が活動を始めました。

　時代が進み、社会のニーズが多様化した現在では、専門職と呼ばれる職種は数多く誕生しています。ちなみに、専門職の定義には多々ありますが、共通する特徴として次のようなものがあります[1]。

① 実践的な基盤となる専門的知識体系と教育体系を有し、訓練によって獲得できるものであること
② 社会の安寧と公共の利益に貢献していること
③ 職務活動において自律性を有していること

④　専門性・倫理性を保証する免許や認定の制度があること
⑤　職能団体をもち、倫理綱領を有していること

　こうした特徴を備えた専門職には、社会に対する重い責任があります。ケアマネジャーも職業として誕生してから20年近くが経過しましたが、いまだ、社会から専門職として認知されているとは言い難いのが現実です。専門職として認知されるためには、専門的知識と技術を有しているだけではなく、高い倫理性が求められていることを深く認識する必要があります。

2　専門職と倫理綱領

　専門職は、自己規制と高い行動規範をもつ職業集団であり、職能団体を有しています。日本医師会、日本看護協会といった専門職能団体は、社会的責任、職業倫理を行動規範として成文化し「倫理綱領」として公表しています。ケアマネジャーの職業倫理に関しては、2007（平成19）年に、日本介護支援専門員協会によって国民への誓いとして「介護支援専門員　倫理綱領」が採択されました。この倫理綱領は、社会に対して高い倫理性をもって仕事に従事することを宣言するものであり、ケアマネジャーが理想とする倫理的行動規範について述べています。

　専門職は英語で"profession"といい、公言・宣言するという意味の"profess"を語源としています。医療専門職のなかでは、古くは古代ギリシャの医師であるヒポクラテス（Hippocrates）による「ヒポクラテスの誓い」、看護職では、ナイチンゲール（Florence Nightingale）の偉業をたたえたグレッター（Lystra Gretter）が「ヒポクラテスの誓い」を参考にして作成したとされる「ナイチンゲールの誓詞」（1893年）等があります。

　これらは「神」に対する誓いでしたが、近代になると、誓いは社会に対して宣言されるようになりました。現代では、医師の職能団体では、世界医師会（World Medical Association：WMA）が「医の国際倫理綱領」（1949年採択、最終修正2006年）を、日本医師会が「医の倫理綱領」（2000（平成12）

年：巻末資料（p.252））を採択し、また看護師の職能団体である国際看護師協会（ICN）は、「ICN看護師の倫理綱領」（1953年採択、最終改訂2012年）を、日本看護協会は「看護者の倫理綱領」（2003（平成15）年：巻末資料（p.253））をそれぞれ公表しています。日本看護協会はホームページ上で、看護職は"We are Professional"[2]であることを主張し、看護者の倫理綱領は、看護職が専門職である証であるとしています。

倫理綱領はその職業に従事する専門職としての社会的責任や職業倫理を規範として成文化したものですが、それは社会が専門職に対して高い倫理的行動を求めているからです。介護支援専門員　倫理綱領では、前文において、以下のように規定されています。

介護支援専門員　倫理綱領
前　文
　私たち介護支援専門員は、介護保険法に基づいて、利用者の自立した日常生活を支援する専門職です。よって、私たち介護支援専門員は、その知識・技能と倫理性の向上が、利用者はもちろん社会全体の利益に密接に関連していることを認識し、本倫理綱領を制定し、これを遵守することを誓約します。

しかしながら、実践現場でケアマネジャーが倫理綱領を遵守し、倫理的判断に基づいた「善い」行為を選択したいと思っても、それを実行するにはさまざまな障害があるのも事実です。私たちは、夫・妻、父・母、息子・娘、ケアマネジャー等、生活者として複数の立場や役割をもっています。ケアマネジャーとして、純粋に利用者と向き合うことができ、制度や事業所等の事情を勘案する必要がなければ、倫理的ジレンマは今より少なくなるかもしれません。しかし、どれだけ最善のサービスを提供したいと思っても、制度の壁、事業所の理念や経営状態に配慮することから完全に逃れることは難しいでしょう。

また、価値の多様化が進む現代において、ケアマネジャーは、利用者が自分と異なる価値観をもっており、価値の調整をできない場合、自身の感情を

コントロールできず、利用者に対して正面から誠実に向き合うことに困難さを感じるかもしれません。こうした経験が重なることで、ケアマネジャーは、利用者の尊厳を守るために存在しているという意識が薄れ、もともと大切にしていたことを、いつの間にか自分には関係のないことだと考えるようになるかもしれません。そうなると、倫理的感受性が低下し、倫理的問題に直面したとしても、「どうせ解決できないから考えても仕方がない」「周囲の人と波風を立てたくない」「行政の指導を聞いておいたほうが楽だ」といった気持ちが優先されるようになり、次第に違和感すらもたなくなってしまいます。しかし、これでは誰が利用者の味方となり、その人の生活と尊厳を守ることができるのでしょうか。ケアマネジャーという職業は、事業所や行政のためではなく、介護を必要としている利用者のために存在しているという意識をもち続けることが大切です。

3 利用者中心のケアマネジメント

　第二次世界大戦後のアメリカでは、次々と医療現場に医療専門職が誕生するようになると、「看護師は何をする人ぞ!」といった疑問が生じました。戦前までは、医師が行う以外のほとんどの行為を看護師が引き受けていましたが、戦後、栄養士や薬剤師、放射線技師など特定の役割を引き受ける職種が誕生したことによって、「看護独自の機能とは何か」が問われ、職業的アイデンティティーは揺らぎました。そこで、国際看護師協会（ICN）は、社会に対して看護独自の機能を明示する必要性があると判断し、その役割をアメリカの看護師であり研究者でもあるヘンダーソン（Virginia A. Henderson）に託しました。

　ヘンダーソンは、看護師の独自の機能とは、「病人であれ健康人であれ各人が、健康あるいは健康の回復（あるいは平和な死）に資するような行動をするのを援助することである。その人が必要なだけの**体力と意志力と知識**をもっていれば、これらの行動は他者の援助を得なくても可能であろう。この

援助は、その人ができるだけ早く自立できるようにしむけるやり方で行う[3]」と述べています。1960年にICN（国際看護師協会）大会において、ヘンダーソンが著した『看護の基本となるもの』（原題：*Basic Principles of Nursing Care*）は、世界中の看護職者に向けて提言され、その後、各国の看護師に多大な影響を与え、ナイチンゲールと同様広く知られるようになりました。

　生活者としての自立と尊厳を重視していたヘンダーソンが提示した看護独自の機能は、その後、約40年後にわが国で誕生したケアマネジャーの役割に通ずるところがあるのではないでしょうか。利用者が自立して生活するのに必要なだけの体力、意志力、知識のなかで何がどの程度欠けているのかをアセスメントし、もっている力をエンパワメントし、できるだけ早く自立することを支援できるよう介護サービスを提供するのがケアマネジャーの役割だと考えられるからです。この役割を果たすためにケアマネジャーに求められるのは、何を支援すべきかを正確にアセスメントできる専門的な知識とともに、利用者を理解する共感力です。人は誰かに理解され、自分の味方でいてくれることを望む存在ですが、自分が脆弱な状態になれば、その思いはさらに強くなるでしょう。ケアマネジャーは、利用者が今どんな世界にいるのか、相手の立場から考えてみる努力をすることで、利用者がめざす目標を共有できるのではないでしょうか。

　ケアマネジャーが利用者に寄り添うことで、利用者は自身の弱さに気づいたり、強みを発見することができるようになり、置かれた状況や自分自身を理解できるようになります。長い人生を生き抜いてきた人がもっている**レジリエンス（Resilience）**[※1]を信じて、支援することが利用者中心のケアマネジメントといえるでしょう。まずは、利用者に語ってもらえるような環境をつくり、傾聴することから始めましょう。そして、この人になら話してもよいと思われるようなかかわりをしましょう。逆にいえば、このようなかかわりができるケアマネジャーは、高い倫理的感受性をもつ優れたケアマネジャーといえるでしょう。

> **振り返ってみよう**
>
> あなたは、利用者に「このケアマネジャーになら話してみたい」と思われるようなかかわりをしていますか？
> それはどんなかかわりでしょうか？

※1　レジリエンス（Resilience）

　レジリエンスという概念は、もともとは物理学用語で「跳ね返す力」といった意味ですが、困難な状況を乗り越え、不都合な環境のなかで自らを構築し続ける能力を表す概念として心理学領域でも用いられるようになりました[4]。

　人は、同じようにつらく、厳しい経験をしても、その後の生活は同じではないということが研究によって明らかになってきました。つらい体験がトラウマとなって生きる気力をもてない人たちがいる一方で、つらさを乗り越えて環境に適応し、前向きに生きる人たちもいます。同じ経験をしても、なぜ、2つのタイプに分かれるのでしょうか。

　レジリエンスには、「心の回復力」「逆境力」「復元力」「折れない心」など、さまざまな訳がありますが、心の柔らかさともいえるでしょう。レジリエンスの概念は広く、自尊感情（Self-esteem）、自己効力感、楽観的、人間関係、感情のコントロールといった個人的な要因とともに環境要因も作用しているとされています[5]。

　支援を必要としている利用者は、長い人生のなかで多くの経験をしており、そのなかにはつらく厳しい経験もあったことでしょう。ケアマネジャーは、利用者に、そのとき、どのようにしてその困難な状況を乗り越えたのかを振り返って語ってもらうのも1つの方法です。「何とかなるさ」「必ず頑張れると励ましてもらって」「あなたならできると言われて」「私を必要としてくれる人がいることがわかって……」等々、そうした過去のつらい経験を乗り越えたプロセスを振り返ることで、現在の自分の状況を客観的にとらえることが可能となり、解決への糸口がみえてくるかもしれません。

【引用・参考文献】

1) 井部俊子・中西睦子監、手島恵編『看護管理学習テキスト　第4巻　看護における人的資源活用論　第2版』日本看護協会出版会、pp.4〜13、2011年
2) 日本看護協会ホームページ https://www.nurse.or.jp/nursing/practice/rinri/text/basic/professional/need/index.html#p1
3) ヘンダーソン，V. 著、湯槇ます・小玉香津子訳『看護の基本となるもの　再新装版』日本看護協会出版会、p.14、2016年
4) ティスロン，S. 著、阿部又一郎訳『レジリエンス：こころの回復とはなにか』〈文庫クセジュ〉、白水社、p.7、p.96、p.160、p.164、2016年
5) 枝廣淳子『レジリエンスとは何か──Resilience：何があっても折れないこころ、暮らし、地域、社会をつくる』東洋経済新報社、pp.14〜60、p.253、2015年
・羽賀祥太・石津憲一郎「個人的要因と環境的要因がレジリエンスに与える影響」『富山大学人間発達科学研究実践総合センター紀要　教育実践研究』第8号、pp.7〜12、2014年
・日本介護支援専門員協会ホームページ：日本介護支援専門員　倫理綱領
　http://www.jcma.or.jp/corp/morals/index.html

第 1 章

倫理実践のための基礎知識

第1章では、人を対象とする専門職が倫理的感受性を高め、倫理的実践を行ううえで必要な基本的知識について述べます。
倫理とは何かに始まり、専門職として共有すべき価値となる倫理原則について学びましょう。

Ⅰ 倫理とは何か

1 道徳・倫理・法の整理

　社会の変化とともに、消えていく職業もあれば新たに誕生する職業もあります。介護支援専門員(以下、「ケアマネジャー」という)は、まさに時代の要請によって誕生した新しい職業です。生活者である人を対象とするケアマネジャーにとって倫理が重要であることに異論を唱える人はいないでしょう。皆さんも日々の実践を通して、「何かモヤモヤする」「これでいいのだろうか」といった倫理的問題に直面し、倫理的ジレンマを経験していることと思います。倫理的ジレンマとは、人が倫理的問題に直面したときに経験する価値葛藤であり、複数の対立する選択肢のいずれも道徳的に正当化できる、あるいはいずれも正当化できない場合に、そのいずれかを選ばなければならない状況で生じるものです。

　しかし、改めて「倫理って何ですか？」と問われて明快に答えることは容易ではないと感じている人が多いのではないでしょうか。倫理と同様に社会生活を送るうえで行為規範となっているものに道徳と法があります。人間は、ヒトとして生まれ、他者とかかわることを通して社会的に存在しますが、成長する過程において、家庭や学校、地域の人たちから道徳について学び、その価値を内面化していきます。たとえば、「約束を守りなさい」「嘘をついてはいけません」「人に暴力をふるってはいけません」「困った人をみたら助けなさい」「時間を守りなさい」等は多くの人が価値あるものとして身につけていることでしょう。これらは、社会のなかで他者とスムーズな関係性を築いていくうえで、一人ひとりが守るべき善い行為であり、個人の良心

に従って内面で自身を律する**道徳**（moral）です。道徳観は、人が成長する過程で文化の影響を受けながら発達していき、成文化はされておらず外的な強制力はありません。一方、**法**（law）は、人々が安全かつ安心して社会生活を送ることができるよう守るべき行為規範（ルール）を成文化したものです。法は、他律規範であるため法令に違反した場合、公権力によって制裁を受けます。身近な例では、自動車の運転における信号無視やスピード違反など、道路交通法に違反すると罰則を受けることになりますが、これは、道路における危険を防止し、その他交通の安全と円滑を図るとともに、道路の交通に起因する障害が起きないように定められています。

　では、**倫理**（ethics）とは何でしょうか。倫理の倫には「仲間」、理は「ことわり」「筋道」という意味があります。仲間（集団）の間で守るべき道理であり、人間の判断と行動の価値にかかわっています。すなわち、その仲間（集団）のなかにあって何が「正しい」あるいは「行うべき」行為なのかを自分自身に問う自律的な規範であり、多くは倫理規定（倫理綱領）として成文化され、社会に公表されています。倫理と道徳は互換性が高いものですが、道徳が個人の内なる価値に基づくものだとすれば、倫理は自分と異なる他者の価値についての検討、調整が求められます。また、倫理は法よりも広い概念であり、かつ高い行為基準をもっています。政治家が問題を起こし答弁する際に、よく「法には違反していない」という表現をすることがありますが、法には違反していなくても、倫理的には明らかに問題であると考えられることがしばしばあります。なお、倫理としての行動規範は、人間としての普遍的なものもありますが、たとえば、喫煙の規制のように、時代や社会がもつ価値の変化の影響を受けることもあります。タバコには、受動喫煙等の環境倫理問題や胎児への健康問題等の生命倫理に関する倫理上の問題があります。

2 専門職における倫理と責任

　ケアマネジャーが専門職として、より質の高い介護サービスを提供するためには、専門的知識と高度な技術とともに高い倫理性が求められます。専門的知識や技術を「誰のために」「何のために」用いるのか、それを決めるのは、一人ひとりの専門職であり、教育と訓練によって獲得した知識と技術を社会のために正しく用いる責任があります。

　そこで、専門職能集団は、それぞれの職業的価値を実現するための行動規範である「**倫理綱領**」を策定し公表しています。介護保険制度の創設とともに、社会の付託を受けてケアマネジメントを実践しているケアマネジャーは、専門職として倫理綱領を遵守し社会の信頼に応える必要があります。倫理綱領を公表するということは、社会に対してケアマネジャーは利用者とどのように向き合い、何を実現していくのかといった関係性のあり方を明示するという役割もあります。社会の人々が倫理綱領を知ることで、ケアマネジャーが何に価値をおき、何をめざしているかを知ることができるのです。

　倫理綱領には、ケアマネジャーが理想とする価値や信念が明示されていますが、なかでも重要な価値となるのは「**個人の尊厳**」を守るということでしょう。これは、すべての個人が互いに人間として尊重するということですが、倫理綱領で規定するまでもなく、世界人権宣言（1948年国際連合総会採択）や日本国憲法（第13条）において、すべての人に認められた権利です（表1-1）。

　すべての人ということは、条件なしに人間であるという1点において唯一無二の存在として認められている道徳的価値であるということです。

　人間にとって生老病死は避けられないことであり、人としての尊厳は、治療困難、意識障害、認知障害といった状況にあったとしても、尊重されるべきものです。しかし、医療依存度が高い場合、本人に十分な説明が行われない、あるいは意思を確認することが困難な状況のなかで、家族や医療者の意

表1-1 世界人権宣言と日本国憲法

世界人権宣言第1条	日本国憲法第13条
すべての人間は、生れながらにして自由であり、かつ、尊厳と権利とについて平等である。人間は、理性と良心とを授けられており、互いに同胞の精神をもって行動しなければならない。	〔個人の尊重と公共の福祉〕すべて国民は、個人として尊重される。生命、自由及び幸福追求に対する国民の権利については、公共の福祉に反しない限り、立法その他の国政の上で、最大の尊重を必要とする。

向で治療（治療の開始・不開始および中止等）やケアが決定されることがあります。高齢多死社会が進むわが国において、人が人生の最期をどのように迎えるかということが重要な課題となり、人間としての尊厳を守る医療の在り方が議論されるようになりました。厚生労働省は、1987（昭和62）年「終末期医療に関する意識調査等検討会」を設置し、終末期医療における医療・ケアの在り方として議論を重ねてきました。その過程において、2015（平成27）年3月、最期まで本人の生き方や価値観を尊重した医療・ケアを提供することの重要性を確認し、「終末期医療」から「人生の最終段階における医療」へと名称が変更されました。2018（平成30）年には、人生の最終段階を、どこで、どのように迎えたいと考えているのかといった、本人の意思を最大限尊重した医療・ケアをつくり上げていくことを目的とした「人生の最終段階における医療・ケアの決定プロセスに関するガイドライン」（巻末資料（p.255））を発表しました。

　人は、基本的に自分の身体、生命に関する決定は自分で行いたいと考えていますので、その権利が脅かされると尊厳が傷つきます。また、他者から無視される、監視される、子どもやモノのように扱われると尊厳は傷つけられます。

　では、他者の尊厳を守るためにはどうすればよいのでしょうか。理論的にはそれほど難しいことではありません。なぜなら、病むこと、老いること、死ぬことは、今、生きているすべての人がいつか必ず経験することなのですから、自分の尊厳を傷つけられないために、他者に配慮してほしいのと同じ

程度に自分も他者に配慮すればよいのです。自分がされて嫌だと思うこと、傷つくことを他者にしないことです。相手の立場から考えてみること、そうした想像力が必要です。

たとえば、話をするときに目を合わせてくれない、無視される、説明がない、モノのように扱われるなどといった行為は、人の尊厳を傷つけるものです。逆に、目を見て丁寧に説明してもらえたり、自分の意思を尊重してもらえれば、"大切にされている"と感じることができるでしょう。

振り返ってみよう

あなたが人とかかわる際に大切にしていることは何ですか？

Ⅱ 価値の検討

1 価値とは何か

　今、目の前に、宝石、現金、骨董品、コンピューター、古着、旅行券など、さまざまなモノが並べてあり、そのなかから1つだけ選んでくださいと言われたら、あなたは何を選びますか？　そのときの自分が置かれた状況のなかで最も価値があると思えるモノを選ぶことでしょう。ある人は、宝石を選び、ある人は古着を、また別の人は骨董品を……といったように誰もが同じモノを選ぶわけではありません。また、旅行に出かける計画を立て、宿泊先を選ぶ場合、同等の経済力があったとしても、ある人は「屋根があればいいから、少々の不便は我慢するので、できるだけ安いホテルに泊まりたい」と言い、別の人は「高くてもいいから、ゆったりくつろげて心地よいおもてなしをしてくれるホテルがよい」と言うかもしれません。このように価値観や嗜好はそれぞれですが、人は、自分が見たことのないモノや経験したことのないことについての価値を判断することは難しいため、好きとか嫌いではなく「わからない」という表現をします。

2 価値の意識化

　倫理では、置かれた環境のなかで、最善の選択をする必要があります。その選択の際にもち込まれるものに、自分自身の価値観や好き嫌いといった感情、知識、経験等がありますが、まず検討するのは価値に関することです。日々の生活は起きてから眠りにつくまで、選択の連続といえますが、自分自

身ではそれを意識していないことが多いのです。

　黒い洋服ばかり着ている人は、それが好きだから、落ち着くからというところまでは答えられたとしても、なぜ好きなのか、なぜほかの色では落ち着かないのかといった問いに対して即答できないことも少なくありません。こうした日常生活における私的な事柄については、他者に迷惑をかけない限り、自分の価値観や好みで選択しても問題ありませんし、その根拠を問われて「何となく」と答えてもそれ以上追及されることはないでしょう。しかし、職業上の価値の選択に関してはそうはいきません。なぜなら、社会は専門職に対して、その職業にふさわしい高い道徳的価値を期待しており、対話することを求めているからです。

　また、仕事上の選択を迫られた際には、ケアマネジャーとしての職業的価値だけでなく、所属している組織の理念や価値、1人の人間としての個人的価値がもち込まれ、時に価値の対立が起こり、ジレンマを経験することもあります。したがって、日頃から自分の価値観や好みなどについて意識しておくことが重要です。意識することなく選択した場合、無意識に自分の価値を優先してしまう危険性がありますが、意識することでさまざまな価値の調整ができる可能性が高くなります。

3 個人的・職業的・組織的価値と感情

　歴史の浅い職業であるケアマネジャーが自律した専門職として成長するためには、ケアマネジメントにかかわる職業的意義を社会に認識してもらう必要があります。人は、夫・妻、父親・母親、ケアマネジャー、施設の職員といったように、社会のなかで複数の役割を引き受けて生活しており、そうした役割を通して個人的、職業的、組織的価値を内面化していきます。ゆえに、職業上の選択を迫られた際には、個人的価値だけではなく、所属している組織の価値や職業的価値をもち込むことになりますが、価値観が合致する場合もあれば相容れない場合もあります。たとえば、利用者は自宅で療養で

きることが幸せなことであるという価値観をもっているケアマネジャーの場合、施設入居を希望する利用者に対応する必要がある場合、自宅療養を勧めたい個人的価値と利用者の意思を尊重する職業的価値の間で対立が起こり倫理的ジレンマを抱えることになります。

また、自分であればしてほしくないことを組織からの要求により利用者に求めてしまう、職業倫理に反する公正さが欠如していることがわかっていても見て見ぬふりをしてしまう、個別性に配慮したケアプランよりルーチン業務を優先してしまうこともあります。

こうした経験が重なっていくうちに、自分は「誰のため」「何のため」にケアマネジャーをしているのかわからなくなってしまい、バーンアウト（燃え尽き）したり、仕事に適応するために感情を平坦化させ、利用者への関心が低下したりということが起こります。倫理的ジレンマが続いて解決策がみえなくなると利用者や同僚を「好き」になれず関心をもてなくなったり、ネ

ガティブな感情※2を抱くようになり、仕事の質が低下することも稀なことではないでしょう。

> ### ※2　感情労働（Emotional Labor）
>
> 　人と人がかかわれば、そこに、相手に対する「好ましい」あるいは「好ましくない」といった感情が生まれます。人を対象とする職業において、サービスの質はそれを必要とする人によって判断されます。したがって、サービスの提供者には、対象者が「理解されている」「安心できる」「ケアされている」といった特定の感情をもてるよう、意識的に自分の感情を抑制、鈍麻、緊張、忍耐等によってコントロールし、相手や状況から期待されるふるまいをすることが要求されます。
>
> 　感情労働という用語は、アメリカの社会学者ホックシールド（Arlie R. Hochschild）が著した『管理される心──感情が商品になるとき』（原題：*The Managed Heart：Commercialization of Human Feeling*）のなかで提唱した概念です。感情労働に従事する人は感情に負荷がかかりやすく、心理的に疲れるといった特徴があります。対人援助職であるケアマネジャーもこの感情労働に従事する職業の１つです。たとえば、利用者や家族の要求や主張、クレームを受け止め、たとえそれが理不尽なものであったとしても、自分の感情をコントロールしたうえで、適切に対応することが求められます。しかも、ケアマネジャーは、特定の利用者と中・長期的にかかわっていく仕事であり、大きなストレスを抱えることも少なくありません。組織の規模に関係なく、経営者や管理者は、各人の仕事の特徴を理解したうえで、利用者や家族とのトラブル対応を個人に負わせたり任せたりしないようにすることが重要です。また、組織全体の問題として取り組み、エネルギーが枯渇して傷ついた職員に対しては、タイムリーかつ適切なケアが求められます。
>
> 参考文献：Hochschild, A. R., *The Managed Heart：Commercialization of Human Feeling*, University of California Press, 1983.（ホックシールド，A. R.著、石川准・室伏亜希訳『管理される心──感情が商品になるとき』世界思想社、2000年）

倫理原則

　ケアマネジャーは、利用者に最大の利益をもたらすために最善を尽くしますが、何を最善と考えるのかを検討するための倫理的思考の道具が必要となります。倫理的判断のよりどころとなるものとしては、「介護支援専門員倫理綱領」がありますが、そのほかにも医療の分野で用いられている倫理原則を活用することもできます。「介護支援専門員　倫理綱領」についての詳細な解説は、第2章に譲ることにして、ここでは「倫理原則」について述べます。

1 倫理原則が生まれた背景

　医療分野で倫理への関心が高まった背景には臨床研究と日常診療という2つの流れがあります。

1 臨床研究

　臨床研究における倫理が大きく問われたのは、第二次世界大戦中のナチスによって行われた残虐かつ非人道的な人体実験でした。戦後、この人体実験による行為は「ニュルンベルク継続裁判」(アメリカ軍事法廷における国際軍事裁判、1947年) によって裁かれましたが、そこでは、人体実験によって被験者がいかに大きな危害や苦痛を被ったかということが明らかにされました。その結果、人を対象とする医学研究においては、対象者への説明とその同意を得ることを基本原則とした「**ニュルンベルク綱領**」が1947年に成文化されました。本綱領で強調されるべき重要な点は、研究参加は自発性に基づく同意のみを有効とし、対象者の自由意思によって被験者となるか否かが決

定されることを明確化したことです。

　専門職にとって、社会との信頼関係が重要となるということはすでに述べたところですが、ニュルンベルク綱領は、医学分野の外で策定されたものです。**世界医師会**（World Medical Association：WMA）は、ニュルンベルク綱領を契機として、1947年に変化する社会のニーズに応えるべく結成され、1964年「ヒトを対象とする生命医学（biomedical）研究に携わる医師のための勧告」を採択し、「**ヘルシンキ宣言**」として社会に公表しました。医学研究の主な目的は、新しい知識を得ることですが、人を対象とする医学研究においては、研究目的よりも個々の被験者の権利および利益が優先されなければならないとする、被験者第一主義の立場に立っていることが本宣言からわかります。また、研究参加においては、被験者が十分な説明を受けたうえで同意を与えることを要求する「**インフォームド・コンセント**」についても明記されています。しかし、こうしたルールがあったにもかかわらず、その後も研究倫理に反する非倫理的な医学研究が繰り返されました。なかでも、1932年から1972年まで40年にわたってアメリカ公衆衛生局が実施した**タスキギー梅毒研究**[※3]は、発覚後、対象者の人権を侵害する非倫理的研究として、医学研究者に猛省を促すことになりました。1972年に本研究が発覚してから2年後の1974年、アメリカでは、臨床研究全般を規制するための法律として国家研究法が成立しました。この法の下に設置されたのが「生物医科学と行動研究における被験者の保護のための国家委員会」（The National Commission for the Protection of Human Subjects of Biomedical and Behavioral Research）です。本委員会は、1979年「ベルモント・レポート：研究における被験者の保護のための倫理原則と指針」（The Belmont Report：Ethical Principles and Guidelines for the Protection of Human Subjects of Research）を提出しました。ベルモント・レポートによって、研究倫理の基本概念となる3原則「人格の尊重（respect for persons）」「善行（beneficence）」「正義（justice）」とその適用に関するガイドラインが提示されました（**表1-2**）。ベルモント・レポートは、臨床試験の計画、実

施、そのほかに責任をもつ人が良心的に研究を行うためのものであり、その基盤となっているのは個人の尊厳と自己決定です。

> **KEYWORD**
>
> ### ※3　タスキギー梅毒研究（Tuskegee experiment）
>
> 　過去には臨床研究に関する倫理が守られず対象者が多大な不利益を被った事件がありました。その代表が、アメリカのアラバマ州タスキギーで行われた忌まわしい梅毒研究、いわゆる「タスキギー事件」です。
>
> 　1932年に開始された本研究の目的は、梅毒の自然な進行を長期にわたって経過観察すること、すなわち、梅毒を治療しなければどうなるかということを明らかにするために実施された人体実験でした。アメリカの公衆衛生局の医師たちによって、無料で治療を受けられるとの宣伝で梅毒の男性600人が集められ、実験では、対象者600人のうち約400人が「実験群」として治療されることはなく、残りの約200人は「コントロール群」として治療されました。この非倫理的な人体実験は1972年までの40年間もの長きにわたって続けられました。対象者は、無料の診察、わずかな金銭、そして死後の検死を条件とする無料の埋葬料を研究協力に関する報酬として受け取っていましたが、自分が梅毒であるという診断結果も含め、実験の真実に関する情報は一切提供されておらず、研究に関する説明もなければ、研究協力への同意もしていませんでした。
>
> 　本研究は、1972年「ニューヨーク・タイムズ」にその非倫理的な実験内容が記事として掲載されたことにより発覚し、一般に知られるように大きな社会問題となって、調査団が結成され、研究を中止するよう勧告されました。タスキギー梅毒研究は、対象者に対して真実とは異なる説明を行い大きな苦痛（害）を与えていること、1人の人間としての人権を尊重していないこと、黒人で貧しいといったように社会のなかで脆弱といわれている人々を対象としている等、きわめて非人間的であり、対象者と研究者の間に信頼関係を育むという土壌は全くありませんでした。研究者でありかつ医療者である医師・看護師が自分であれば絶対に対象者として研究協力できないような非倫理的な研究を計画し実施したという行為は決して許されるべきものではないことは自明です。
>
> 参考文献：星野一正「タスキギー梅毒人体実験と黒人被害者への大統領の謝罪」『時の法令』第1570号、pp.45～51、1998年

表1-2　ベルモント・レポート

倫理原則	適用されるガイドライン
人格の尊重（respect for persons） ・自己決定（自律）できる能力を有する ・自律性が低下した場合保護される	**インフォームド・コンセント** ・被験者の人格を遵守するための手続きである ・研究に関する情報を与えられたうえでの個人の自発性にもとづく同意を必要とする
善行（与益・恩恵）（beneficence） ・研究の正当性	**リスク・ベネフィットの比較衡量** ・被験者および社会に対する有益性はあるか ・利益がリスクを上回っているか
正義（justice） ・社会正義に反していない ・公正である	**対象者の選択** ・同等の人々は同等に扱われるべきである ・対象者の選択、結果の発表、利益相反等

2　日常診療

　1960年代後半のアメリカでは、それまで医療専門職に支配されていた健康問題に関する選択を、自分たち（市民）の手に取り戻そうとする「患者の権利」運動が起こりました。歴史的にみると、医療の世界では長い間、医師が「善」と判断した治療を患者に十分な説明をすることなく実施されていました。その判断基準となっていたのは、医師としての価値観や信念でしたが、それは**パターナリズム**[※4]として批判されるようになりました。医師がどれだけ「患者のため」を思い、判断したとしても、それが患者の「意思」を反映したものでなければ、それは単なる価値の押しつけになります。

> **KEYWORD**
>
> ### ※4　パターナリズム（paternalism）
>
> 　ラテン語の pater（パテル、父）を語源とするパターナリズムは、わが国では、家父長主義、父権主義、温情主義などと訳されています。訳でもわかるように、家族内における意思決定者が家長である父親にあるとするもので、強い立場にある父親が子どもに対して、相手の利益を考えて干渉したり、介入したりすることです。
>
> 　医療社会学者であるフリードソン（Eliot Freidson）は、医療分野における医師と患者の関係もパターナリズムであると指摘しました。専門職である医師が権力をもっており、患者を判断力のない半人前の子どものように扱っているという意味で、医療パターナリズムともいわれています。医療パターナリズムは、医師が「患者のため」に自分の価値観や信念をもとにした判断であり、患者に十分な情報を提供することなく医療に必要な決定を行います。こうした医療における意思決定の主体者は誰なのかということが問題となってパターナリズムへの批判が高まり、インフォームド・コンセントの原則が導入されるようになりました。

　医療現場において、医師は専門職として、国家免許を有し診断・治療に関する一定の裁量権を有しています。しかし、医療サービスを必要としている市民は、自分の健康問題に関するすべての意思決定の権限を医師が独占する伝統的パターナリズムを批判し、自身の価値観や人生計画に基づいて、自己決定することを求めるようになりました。それが、1960年代後半にアメリカで起きた、人権として医療を市民の手に取り戻すための「患者の権利」運動です。この時代のアメリカでは、公民権運動や女性解放運動、消費者の権利運動と連動した、「人としての尊厳」を守る患者の自己決定に社会的価値がおかれるようになりました。こうした社会的背景から、それまできわめて不透明であった医療の世界においても、患者に対する医師の情報開示と説明責任に基づく透明性が求められるようになりました。

　1973年、アメリカ病院協会は、全米の病院に「患者の権利章典」を配布

し、世界医師会（WMA）は1981年にリスボンで開催した第34回世界医師会（WMA）総会において、医師や医療者が守るべき患者の権利である**患者の権利に関するWMAリスボン宣言**[※5]を採択しました。

KEYWORD

※5　患者の権利（Right of patient）

「患者の権利」は、医療現場で、患者が医師との関係において従属的立場に置かれるのではなく、患者の人格が尊重され、自らの意思と選択によって最善の医療を受けることができる権利といえます。

患者の権利に関しては、世界医師会も宣言しています。

「患者の権利に関するWMAリスボン宣言」

1981年9月/10月、ポルトガル、リスボンにおける第34回WMA総会で採択
1995年9月、インドネシア、バリ島における第47回WMA総会で修正
2005年10月、チリ、サンティアゴにおける第171回WMA理事会で編集上修正

その序文と権利の内容は次のとおりです。

〈序文〉

医師、患者およびより広い意味での社会との関係は、近年著しく変化してきた。医師は、常に自らの良心に従い、また常に患者の最善の利益のために行動すべきであると同時に、それと同等の努力を患者の自律性と正義を保証するために払わねばならない。以下に掲げる宣言は、医師が是認し推進する患者の主要な権利のいくつかを述べたものである。医師および医療従事者、または医療組織は、この権利を認識し、擁護していくうえで共同の責任を担っている。法律、政府の措置、あるいは他のいかなる行政や慣例であろうとも、患者の権利を否定する場合には、医師はこの権利を保障ないし回復させる適切な手段を講じるべきである。

〈原則〉

1．良質の医療を受ける権利
2．選択の自由の権利
3．自己決定の権利
4．意識のない患者
5．法的無能力の患者

6．患者の意思に反する処置
7．情報に対する権利
8．守秘義務に対する権利
9．健康教育を受ける権利
10．尊厳に対する権利
11．宗教的支援に対する権利

参考文献：日本医師会ホームページ：http://www.med.or.jp/wma/lisbon.html
「WMA Declaration of Lisbon on the Rights of the Patient」（WMAサイト）「リスボン宣言」

　以上、医療における倫理への関心が高まった背景には、倫理的妥当性が疑わしい医学研究と日常診療における医療の専門職支配と患者の人権侵害がありました。最近では、医師をはじめとする医療者と社会の関係は大きく変化しています。今日、医療者には、患者の利益のために最善を尽くすとともに、患者の自律と正義を保証することが求められています。介護の分野においても、医療の歴史から学ぶことが大きいのではないでしょうか。

2 医療倫理の原則

　患者の尊厳を尊重する医療の重要性が認識された1979年、臨床研究における倫理指針として**ベルモント・レポート**による3原則が公表されました。この原則を医療現場における倫理的問題を検討する基準とし、無危害の原則を加えた、**自律尊重・善行・無危害・正義**が**医療倫理の4原則**（ethical principles）として用いられるようになりました。医療現場における価値判断にかかわる医療倫理には、国や文化を超えて、誰もがおおむね同意できる原則を必要としていたといえるでしょう。

1 自律尊重（respect for autonomy）

　医療倫理で尊重されるべきは、患者の**自律**です。成人した人間は、自律し

た存在であり、判断能力のある人の自己決定は尊重される必要があります。患者の自由意思による自己決定を認めることで、個人の尊厳を認めようとするものです。しかし、自律した意思決定には判断能力が要求され、すべての人間がその能力をもっているわけではありません。十分な判断力がない子どもや認知障害、意識障害などのある人は、保護される必要があります。

　自律尊重の原則を適用するうえでは、患者の自己決定が鍵となりますが、そのためには、意思決定の前提となる情報を与えられる必要があります。それが、**インフォームド・コンセント**（Informed Consent：IC）です。インフォームド・コンセントは、アメリカの法廷のなかで、裁判基準の法理として生まれた概念であり、その主語は患者です。患者は、医師（看護師等の医療者も含む）から自身の身体にかかわる情報を理解できる言葉で説明を受けたうえで、自分の意思で同意あるいは選択をします。医師が患者に説明する基本的情報には次のような項目があります。

① 診断名・病状
② 治療に必要な検査の目的と内容、副作用
③ 治療に伴う利益とリスク、予想される副作用など
④ 治療法や処置以外の代替の方法など

　次に、患者が意思決定するためには以下の能力が必要です。

① 先に述べた基本的な医学的情報に加えて、患者が自己決定するうえで必要な情報が開示されること
② 説明された内容を理解できること
③ 提供された選択肢を自身の個人の価値観・人生計画等を勘案して評価できること
④ 自身が選択した内容を医療者に伝えること

　インフォームド・コンセントは、アメリカで法律用語として誕生しましたが、重要なことは、医療者と患者のコミュニケーションです（**図1-1**）。まるごとの人間が医療を受けるということは、身体のみならず、生活全体にも影響を及ぼすことになります。ゆえに、患者自身の意思が何よりも尊重され

るのです。インターネットが普及し、情報へのアクセスが容易になった今日においても、専門家である医療者と患者における知識の差はあります。患者が自分の身体に起こっていることを正確に理解し、生活者としてその後の人生に関する意思決定をすることは容易なことではないと考える人も少なくありません。そこで求められるのが、医療専門職の支援であり、患者が望めば共同意思決定についても検討します。自己決定権をもつ患者と、専門的知識と技術をもつ集団であり専門家として一定の裁量権をもつ医療者が、率直に話し合える環境こそが、今医療現場に最も必要とされています。

図1-1　コミュニケーションプロセスとしてのインフォームド・コンセント

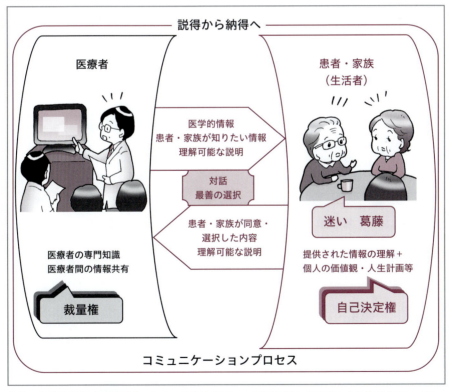

出典：宮脇美保子『看護実践のための倫理と責任——事例検討から学ぶ』中央法規出版、p.50、2014年を一部改変

また、自律尊重の原則では、医療者に、真実を語ること、プライバシーを守ること、個人情報を守ること、誠意をもってかかわることが求められます。なかでも、真実を語ることについては、医療者が患者より先に、家族に診断名や病状等を説明することがあると、患者に真実を告げることが難しい状況になることがしばしば起こります。わが国では、意思決定が家族単位で行われるといわれますが、現実は最も知る権利をもつ患者を除いた家族のなかで決定され、身体拘束や胃ろうの造設など、患者が望まない治療や療養生活を送ることを強いられている現状もあります。これは、患者の意思を第一とする自律尊重の原則に反するものです。

2　善行（与益・恩恵）（beneficence）

beneficenceは、相手に益をもたらすという意味で与益・恩恵と訳されることもありますが、ここでは医療現場で用いられている善行とします。**善行**は、患者の利益を最大とする医療を提供するべきであるとする道徳的責務です。何が最大の利益となるかということについては、医療者と患者では評価が異なる場合もあります。重要なことは医療者にとっての利益や都合を優先させるのではなく、患者の利益のために医療を提供すべきであるということです。

3　無危害（non-maleficence）

医療者には患者に対して、医療に伴う危害（harm）を与えることを避けるだけでなく、リスクを最小にする道徳的責務があります。殺さないこと、苦痛や苦悩を引き起こさないこと、傷つけないこと、不快を与えないことなどは**無危害**の原則にかかる道徳的ルールです。

4　正義（justice）

正義の原則は、患者や社会に対して平等（equality）・公正（fairness）であるということです。同等のものは同等に扱うのが平等です。また、配分的正義としては、臓器移植などといった医療資源を公平に配分するための公正なルールをつくることが重要となります。

以上、医療倫理の原則について述べてきましたが、現代の医療現場は、科学技術の進歩に伴う医療の高度化、専門分化が進むなかで、患者の価値観は多様化しており、倫理的問題はきわめて複雑で多面的な様相を呈しています。

これまでに述べたことは医療分野のことですが、ケアマネジャーにとっても対人援助の専門職として守るべき道徳的責務に共通するものがあるでしょ

う。患者第一主義は、利用者第一主義となり、利用者の自律尊重、善行、無危害、正義の原則に則った行為が求められます。

3 臨床倫理の4分割法

医療倫理の4原則を活用して、患者の個別的な倫理的問題を解決するために開発されたのがジャンセン（Albert R. Jonsen）（1992年）による「**臨床倫理の4分割法**」です（表1-3）。「**医学的適応**」「**患者の意向**」「**QOL**」「**周囲の状況**」の4つです。「医学的適応」では先に述べた善行と無危害の原則、「患者の意向」では自律尊重の原則を、「周囲の状況」では正義の原則について検討しますが、もう1つ重要なことは、患者のQOLについて総合的に検討することです。

まず、患者の倫理的問題を検討するために必要な情報を該当する枠のなかに記入します。看護師は、患者の意向を最もよく知る立場にありますが、実際に情報を書き込もうとすると「～だろう」といった推測の域を出ないものであり、患者の意向を確認していないことに気づくことも少なくありません。また、医師は、医学的適応の情報を、看護師は患者のQOLを重視する傾向がありますが、チームで整理した情報を共有し、それぞれの立場から検討することで近視眼的な見方から多角的な見方へとシフトすることが可能となります。何が倫理的問題なのか、どのような解決策が可能なのか、患者にとって最善なのかをチームで検討できるという利点があります。

なお、第3章では、倫理原則を用いた倫理的問題の事例分析をしています。

4 ケアの倫理

医療における倫理的問題を検討するうえでは、これまで述べてきた倫理原則のほかにも活用できる理論があります。その1つが**ケアの倫理**であり、**ケ**

アは患者の尊厳を守るうえでの道徳的基盤として重要となる概念です。ケアには、世話をする（care for）といった行為の意味とともに、関心を向ける、気づかう、配慮する（care about）といった意味があり、それは他者への依存を必要としている脆弱な人々に対して応答する責任を引き受けることです。メイヤロフ（Milton Mayeroff）は、「一人の人格をケアするとは、最

表1-3　臨床倫理の4分割法

医学的適応　Medical Indication 「恩恵、無危害の原則」"Benefit, Non-maleficence"	患者の意向　Patient Preferences 自己決定の原則 "Autonomy"
(1) 診断と予後：病歴、診断、予後 (2) 治療の目標と成功の確率 　　代替案はあるか (3) 医学の効用とリスク 　　（Medical Efficacy and Risks） (4) 無益性（Futility）	(1) 患者の判断能力：利益と不利益についての理解 (2) インフォームド・コンセント 　　（Informed Consent） (3) 治療の拒否 　　（Treatment Refusal） (4) 事前の意思表示（Living Will） (5) 代理決定 　　（Substitute Judgement）
QOL　Quality of Life 幸福追求の原則 "Well-Being"	周囲の状況　Contextual Features 公正と効用の原則 "Justice-Utility"
(1) QOLの定義と評価 　　（身体、心理、社会、スピリチュアル） (2) 誰がどのように決定するのか 　　・偏見の危険 　　・何が患者にとって最善か (3) QOLに影響を及ぼす因子	(1) 家族や利害関係者 (2) 守秘義務 (3) 経済的要因、公共の利益 (4) 施設方針、診療形態、研究教育 (5) 法律、慣習 (6) 宗教的、文化的要因 (7) その他

出典：Jonsen, A. R., Siegler, M., Winslade, W. J. 著、赤林朗・蔵田伸雄・児玉聡監訳『臨床倫理学——臨床医学における倫理的決定のための実践的なアプローチ 第5版』新興医学出版社、p.13、2006年をもとに一部改変

も深い意味で、その人が成長すること、自己実現することをたすけること」[1]であると述べています。介護・看護職のように、人を対象とする専門職にとって、ケアを必要とする人の自己実現と成長を助けることによって、その結果として自身も成長するということを経験することになります。

実際の医療現場では、医療倫理の原則論だけでは個々の患者が抱えている複雑な問題を解決できない状況に直面することも少なくありません。原則論が誰に対しても、状況にかかわりなく公平に適用されるのに対して、ケアの倫理は、個別的であり文脈を重視し、自分とかかわっている他者との結びつきに力点がおかれます。他者に対するケアの責任の重要性を強調した「関係性の倫理」ともいえます。ケアの倫理では、人間は、相互依存的にかかわっており、相手の呼びかけに応答する責任があると考えます。看護師は、対話を通して一人ひとりの多様な価値観を尊重し、相手を理解します。患者が必要としていることを感じたり、世話をする責任を引き受けたりすることで患者の視点を自身の判断に組み入れようとします。

たとえば、在院日数の短縮化が進んでいる病院では、治療が終わるとすぐに退院できるように調整します。原則論では、ルールに従い、誰に対しても同様に「○○日までに退院するように」伝えます。その際の判断基準は、病院における治療の必要性の有無であり、患者や家族が置かれている個別の状況に対する配慮はありません。しかし、ケアの倫理では、「Aさんは、自宅で療養するためには○○の準備が整わなければ難しい」といった生活者としての個別の情報をもとに、患者にとっての最善とは何かを判断し、必要な行動をとります。患者を傷つけないよう、最善を尽くすことを考え行動します。

しかし、原則論に基づく正義の倫理とケアの倫理は、対立するというより互いの弱みを補完し合う関係にあるといえます。医療の現場と同様に、介護の現場においても、原則論とケアの倫理の両方が用いられています。

> **振り返ってみよう**
>
> 医療倫理の4原則を用いたり、利用者との関係性に基づく個別的なかかわりをした経験について話し合ってみましょう。

【引用・参考文献】

1) メイヤロフ, M. 著、田村真・向野宣之訳『ケアの本質――生きることの意味』ゆみる出版、p.13、1987年
- フリードソン, E. 著、進藤雄三・宝月誠訳『医療と専門家支配』恒星社厚生閣、1992年
- ヘンダーソン, V. 著、湯槇ます・小玉香津子訳『看護の基本となるもの 再新装版』日本看護協会出版会、p.14、2016年
- 羽賀祥太・石津憲一郎「個人的要因と環境的要因がレジリエンスに与える影響」『富山大学人間発達科学研究実践総合センター紀要 教育実践研究』第8号、pp.7～12、2014年
- ホックシールド, A. R. 著、石川准・室伏亜希訳『管理される心――感情が商品になるとき』世界思想社、2000年
- 井部俊子・中西睦子監、手島恵編『看護管理学習テキスト 第4巻 看護における人的資源活用論 第2版』日本看護協会出版会、pp.4～13、2011年
- Jonsen, A. R., Siegler, M., Winslade, W. J. 著、赤林朗・蔵田伸雄・児玉聡監訳『臨床倫理学――臨床医学における倫理的決定のための実践的なアプローチ 第5版』新興医学出版社、p.13、2006年
- Mayeroff, M., *On Caring*, Harper & Row, 1971.（メイヤロフ, M. 著、田村真・向野宣之訳『ケアの本質――生きることの意味』ゆみる出版、1987年）
- 日本介護支援専門員協会ホームページ：日本介護支援専門員 倫理綱領 http://www.jcma.or.jp/corp/morals/index.html
- ティスロン, S. 著、阿部又一郎訳『レジリエンス：こころの回復とはなにか』〈文庫クセジュ〉、白水社、2016年

第 2 章

ケアマネジャーと倫理

第2章では、まず、ケアマネジメントの機能と業務の変遷を振り返り、そのうえで「介護支援専門員　倫理綱領」について詳細を述べていきます。

I ケアマネジメント機能の3期分類

1 ケアマネジメント機能の変遷とその分類

　介護保険制度とともに誕生した介護支援専門員(以下、「ケアマネジャー」という)は、要介護者・要支援者に対してケアマネジメントを実践する専門職として位置づけられました。「ケアマネジメント」の機能は大別して、①個々の利用者に対して行うケアマネジメントと、②地域資源の改良や開発等、があります。ケアマネジャーは①の個別的に対応するケアマネジメントを基本として行いますが、2016(平成28)年度より個別のケアマネジメントから地域課題を見いだす、②の視点も法定研修に組み込まれています。

　専門職は社会の変化に伴ってその期待される役割・機能も変化しますが、ケアマネジャーも例外ではありません。ケアマネジャーにはさまざまな批判もありますが、制度施行から今日に至るまで変化する社会や利用者像に応じてその機能を拡大してきたことは間違いありません。本章では、倫理に関連する、制度施行から今日までのケアマネジメント機能の変遷について整理しました。

　ケアマネジメント機能は、制度施行から今日まで3期に分類することができます(**表2-1**)。まず、個別ケースの支援を通じ、市民への制度の周知、利用者の課題とサービスを結びつけた「**最小限モデル**」(2000(平成12)年から2002(平成14)年まで)、さらに「**より深い個別支援をめざした調整機能強化モデル**」(2003(平成15)年から2008(平成20)年まで)、そして、認知症者の増加、課題の複雑化、保険財源の逼迫化等の社会背景に対応し「**個別支援から地域づくりにつなぐ包括的モデル**」(2009(平成21)年から現在

まで）として日本版のケアマネジメント機能の変遷として整理しました（図2-1）。

こうして分類した3期のなかでケアマネジャーの倫理がどのような変遷をたどってきたのかを次項で述べていきます。

表2-1　ケアマネジメント機能の3期分類

2000（平成12）年制度施行～2002（平成14）年	最小限モデル
2003（平成15）年～2008（平成20）年	より深い個別支援をめざした調整機能強化モデル
2009（平成21）年～現在まで	個別支援から地域づくりにつなぐ包括的モデル

図2-1　ケアマネジャーに期待されるケアマネジメント機能の変遷

最小限モデル	より深い個別支援をめざした調整機能強化モデル	個別支援から地域づくりにつなぐ包括的モデル
アセスメント ケアプラン作成 サービス調整 モニタリング・再アセスメント	アセスメント ケアプラン作成 サービス調整 モニタリング・再アセスメント ケースワークによる意図的関与 多職種連携 インフォーマルサポートの活用 アドボカシー	アセスメント ケアプラン作成 サービス調整 モニタリング・再アセスメント ケースワークによる意図的関与 多職種協働 インフォーマルサポートの活用 アドボカシー 資源開発のためのアドボカシー サービス品質の監視 市民教育 危機介入

個別支援　　　地域支援

出典：Ross, H., Proceeding of the Conference on the Evaluation of Case Management Orograms, 1980. を筆者により日本のケアマネジメント版に改変

II ケアマネジメント機能と業務の変遷

1 最小限モデル

1 介護保険制度の周知に貢献したケアマネジャー

　介護保険制度施行以前の高齢者介護は、一般的に家族が対応していました。介護保険制度は介護の「職業的社会化」をめざして創設されましたが、制度はつくっただけでは動きません。介護保険制度とともに産声をあげたケアマネジャーは、個別のケースを通じて、その利用者や家族が理解できるように介護保険制度の説明をしました。これは市民への制度の周知という意味で社会に対する大きな貢献であったといえます。なぜなら介護保険制度施行当初、多くの人には「介護サービス＝御上の助けを受けること」という措置時代のネガティブな印象が色濃く残っていたからです。たとえば、ケアマネジャーが専門的な視点から「サービスを利用しなければ危険だ」と判断しても、高齢者から「御上の世話にだけはならない」という反応が返ってくることも少なくありませんでした。

　また、本人は介護サービスを利用できたら楽になると思っても、サービスを利用していることが親戚や近所の人に知れたら何と言われるかわからないといった状況があり、多くの市民が制度を正しく理解しなければ本人が安心して介護サービスを利用できない環境がありました。こうした状況のなか、ケアマネジャーは、介護保険制度ができたこと、介護サービスは御上の施しではなく、「自らの自由意思によってサービス利用を決定する」ことを利用者とその家族に丁寧に説明し、意思決定を支援してきました。その結果、広

く市民や社会に、介護サービスは「**措置から契約**」すなわち「**自己決定**」を基本とする制度に変化したという理解が深まりました。

このことは、老いても、人生の選択は自らの意思によって行うことができるという概念に気づいてもらうこと、さらに家族にとっては、すべての介護を引き受けて当たり前という固定観念から解放され、家族にも本人の介護サービス利用を通じ、生活設計の選択肢があることに気づいてもらうことに貢献することができました。

2 職業的アイデンティティー確立に向けて

介護保険制度施行とともに産声をあげたケアマネジャーに先輩と呼べる存在はありませんでした。当然ながら「あの人みたいになりたい！」というロールモデルなど想像すらできない時代でした。当時のケアマネジャーの実践は、紙面上に書かれている法令等にあるルールを現実世界に適用していく役割でもありました。そのため、相談受理に始まり、要介護認定申請から給付管理までの一連の業務は混乱を極めました。

さらに当時は、業務ソフトが開発途上だったこともあり、今よりはるかに非効率的でした。給付管理は計算機を叩いて計算し、給付管理票等は紙ベースで提出していました。近年、介護報酬改定で単価を示されても計算できないケアマネジャーが散見されます。一方で、すべての業務をソフトに頼らず、責任をもって遂行できることは、介護保険制度施行当初からケアマネジメント業務を行っているケアマネジャーの強みだといえるでしょう。

馴染みのない様式や制度のなか、何が正解で何が間違いかわからない状況にあって、ケアマネジャーのよりどころになっていたのは、基礎資格における実務経験でした。前述したように、制度の要求によって誕生したケアマネジャーは、ケアマネジャーになるために十分な基礎教育を受けたわけではなく、職業的価値を内面化することもありませんでした。すなわち、ケアマネジャーとしての職業的アイデンティティーを確立する前に、業務開始に至ったといえます。その結果、ケアマネジャーの職業的アイデンティティーの課

題は20年近く経過した今でも続いているのです。

3 利用者の声を聴く

　職業的アイデンティティーの揺らぎを感じながらも、ケアマネジャーが核として守り続けたのは、利用者の話に耳を傾けることでした。それは、行政上の「措置」としてではなく、「利用者の要望」を尊重したいという姿勢でした。今日では、ケアマネジャーは、利用者の要望とニーズを切り分けて考えるよう指導されていますが、措置から契約（自己決定）に転換した時期に、利用者の声にしっかりと耳を傾けることに注力したことはケアマネジャーの功績といえるでしょう。

4 ケアマネジャーの価値観に基づいた実践

　この時期は、各県ごとにケアマネジャーの職能団体は県レベルで整備が始まっていましたが、ケアマネジャーの支援につながるような組織的な活動には至っていませんでした。
　事業所では個々のケアマネジャーが、自分の業務だけを行い、事業所内における定期的な会議やOJTなどのケアマネジャー同士が協働し合う仕組みはほとんどありませんでした。チームアプローチの概念もありませんでした。この時期は、まだ職能団体としての倫理綱領も整備されていませんでしたので、ケアマネジャーの倫理的判断や行動は、個々のケアマネジャーによる道徳的規範に基づいていました。

5 知名度は低く、連携も困難

　今日ではケアマネジャーという職業を知らない人は少なくなりましたが、この当時は、ケアマネジャーの存在を連携先の関連職種でさえも知らない状況が珍しくありませんでした。たとえば、ケアマネジャーが、運営基準に則って活動するために利用者の主治医に連絡すると、「ケアマネジャー？患者のことについて聞くとは何者だ？」と叱責されることさえありました。

その一方で、役所の窓口では「何でもケアマネさんに聞いてください」と市民にアピールしていましたから、知名度は低いのに、求められる役割は大きく、そのギャップが実際の業務遂行をより困難にしていました。

連携のハブ機能を果たすためには、多くの職種や地域の機関からケアマネジャー自身の存在と役割を認識されていることが前提ですが、こうした開拓期ともいえる時期のケアマネジャーの多くは、協力を得られにくい環境にあり、常に自分の役割や業務遂行における悩みを抱えていました。ほかの職種と衝突したり、協力を得にくい環境のなかで、いかにして利用者と社会資源をつなぐハブ機能を果たすかということを模索していました。それは同時に、「ケアマネジャーとは何をする人なのか?」といった専門職としての存在意義や存在価値を自らに問いかける日々でもありました。このような自問自答の積み重ね、悩み続けた日々が今日のケアマネジャーの土台をつくったといえるでしょう。

「4　ケアマネジャーの価値観に基づいた実践」で述べたとおり、専門職としての倫理は形づくられておらず、個々の価値観のなかで悩み続けていた時期でもありました。

2 より深い個別支援をめざした調整機能強化モデル

1　量的確保に向けた民間サービスの参入

2003（平成15）年に入る頃には、ケアマネジメントの実践や行政等の努力の成果により、「介護が必要になったら介護保険！」と言われるまでに、認知度は高まりました。また、急速に増加する高齢者人口を支えるために、民間によるサービスの参入が認められたことから、多くの地域でサービス量が確保されていきました。そして介護サービスは、量から質を求めるフェーズへと移行していきます。

2　ケアマネジャーの責務

　現在では、ケアマネジャーがケアプランを利用者に交付することは当然となっています。ケアプランの交付が定着したきっかけは何だったのでしょうか。

　2003（平成15）年度の介護報酬改定において居宅介護支援費の運営基準減算の規定（70％減算）が設けられました。それ以前は、サービス利用票・別表（以下、「利用票」という）だけを利用者に交付してサービス提供を開始したり、なかには数か月分の利用票をまとめて利用者に同意（印鑑）を得ていたケアマネジャーも決して珍しくありませんでした。「数か月分まとめて」ということは、利用者への面談もできていない状態を想像させます。

　特にケアプラン（第1表～第3表）について文書で同意を得ない状態は、契約（自己決定）に基づく利用者本位の介護サービスの行為とはいえませんでした。

　運営基準減算は、ケアプランの交付だけでなく、ケアマネジメント・プロセスを対象としたことに意味があります。一連のプロセスをマネジメントすることで、チームアプローチによる利用者の課題解決や権利擁護が可能となるのです。

　運営基準減算が設けられる前から、指定居宅介護支援等の事業の人員及び運営に関する基準（運営基準）にケアマネジャーの責務としてケアマネジメント・プロセスに関する事項は明記されていました。それなのになぜケアマネジャーは実行しなかったのでしょうか。それは「ルールはあっても、守らないからといって罰則はないから」が理由でした。しかもケアマネジメント・プロセスは、ケアマネジャーの専門性を発揮する核たる手法であり、利用者の自己決定を支援する介護保険制度の理念の実行に通ずるものでもあります。つまり、この報酬改定は「ケアマネジャーは自己規律ができない職種。ケアマネジャーの関与によって利用者に不利益とならないよう、第三者によって一連の行動を他律的に管理してあげなければならない」と判断され

た結果といえるのではないでしょうか。単なる職種として他律的に運営していくのか、プロフェッショナルとして自律性をもつのか、方向づけをするのはほかでもない当事者であるケアマネジャー自身の覚悟と行動の積み重ねなのです。

3 変化する社会のニーズに応えるケアマネジメントへ

2003（平成15）年以降、**表2-2**に示す社会状況の変化が生じました。そのいくつかは介護を必要とする人々の生活に影響し、生活上の課題は複雑に絡み合うケースが増加していきました。家族構成の変化と要介護となる原因疾患の変化は、高齢者同士で介護する"老老介護"、認知症の患者同士で介護する"認認介護"という言葉を生みました。脳卒中をモデルとしてつくられた介護保険制度と現場に乖離が生じ、その影響はケアマネジャーにも及びました。

2008（平成20）年のリーマンショックは、特に稼働層である家族の就労、生活、精神状態等に影響しました。家族による利用者本人の年金の使い込み

表2-2　介護に影響する社会背景の変化

- 人口の少子高齢化
- 世帯構成の変化（独居、老老世帯の増加）
- 主介護者の変化（嫁から老老介護、嫁から直系の子どもへ）
- 要介護となる原因疾患の変化（脳血管疾患から認知症へ　※2007（平成19）年）
- 医療保険制度改革（在院日数の短縮化➡在宅療養への誘導、医療処置を必要とする退院者の増加、在宅看取りへの誘導）
- 経済のグローバル化のなか、リーマンショック（経済状況の悪化、生産年齢人口ゾーンの生活保護受給者急増・非正規雇用者の増加）、社会保障財源の逼迫
- 生涯未婚率の増加（未婚の子が親の介護を担うケースの増加）
- 虐待件数の増加

や家族の借金など、同居家族の抱える問題は拡大し、利用者本人が支援を受けられない状況も出てきました。こうした場合、ケアマネジャーはやむなく家族に介入できる他制度や機関を探してつなぎ、ようやく利用者本人の支援に到達するケースもみられるようになりました。

　また、利用者は生活の場の選択にあたり施設サービスも含めた複数の選択肢から選ぶ人もいれば、経済的な理由から在宅以外の選択肢がなく、やむなく最低限以下ともいえるような介護サービスを利用しつつ在宅生活を送るケースもありました。利用者の世代はかつての"社会的入院"を目の当たりにしていますので、在院日数の短縮化は、それまでの常識では想像できないことでした。利用者は、自分の体に起きている現状すら受け入れられないまま「退院してください」と言われ、次の生活設計を余儀なくされました。ケアマネジャーには、こうした厳しい状況に対する利用者の心理的なサポートも含め、解決の困難さを感じながらも、現実から目を背けることなく、介護保険サービス以外のサポートにも目を向けたチームマネジメントの技量が問われました。

　利用者や家族、介護を取り巻く状況が大きく変化したことにより、ケアマネジメントは「より深い個別支援をめざした調整機能」が求められるようになりました。具体的には単にサービスにつなぐだけでなく、「意図的な関与」と「多職種連携」の推進、「インフォーマルサポート」や「アドボカシー」が期待されるようになりました。

4　多職種連携

　利用者が抱える多様な生活課題を解決するには、多くの職種や機関が連携する、**チームアプローチ**の重要性が認識されるようになりました。ケアマネジメントは、統合ケアの推進に有効な手法であり、ケアマネジャーには、多職種・多機関連携のハブ機能を果たすことが期待されています。2003（平成15）年度の介護報酬改定では、サービス担当者会議の開催に加え、4種類以上のサービスを活用した場合に評価される加算が創設されました。

必ずしもサービス種別の数の多さだけでケアマネジメントの質の高さを測ることはできません。しかし、利用者のニーズが多様化・複雑化するなか、多くの職種が協働することにより生活課題が解決に向かうよう、介護報酬をもって誘導されたという背景がありました。

5 尊厳の保持の明記

2005（平成17）年の法改正では、介護保険法第1条に「尊厳を保持」することが明記されました。法律の第1条は、その法律の理念や目的が示される重要な条文といえるでしょう。

介護保険制度は、心身のさまざまな機能が衰える要介護高齢者の日常生活の支援から終末期までを支える、いわば人生の一部にかかわる制度ともいえます。自立支援は「**尊厳の保持**」が前提であるという考え方を示したものです。第1条は要介護の状態になり、たとえ意思疎通が難しい状態であっても人は生まれながらにして人格をもった1人のかけがえのない存在であること、大切に取り扱われることを改めて確認した条文です。同時にそれは利用者に対するケアマネジャーの義務を成文化したものでもあります。

介護保険法

（目的）

第1条　この法律は、加齢に伴って生ずる心身の変化に起因する疾病等により要介護状態となり、入浴、排せつ、食事等の介護、機能訓練並びに看護及び療養上の管理その他の医療を要する者等について、これらの者が尊厳を保持し、その有する能力に応じ自立した日常生活を営むことができるよう、必要な保健医療サービス及び福祉サービスに係る給付を行うため、国民の共同連帯の理念に基づき介護保険制度を設け、その行う保険給付等に関して必要な事項を定め、もって国民の保健医療の向上及び福祉の増進を図ることを目的とする。

6　介護支援専門員（ケアマネジャー）に関する法改正

① 役割、身分についての明文化

　ケアマネジャーの業務は、指定居宅介護支援等の事業の人員及び運営に関する基準（運営基準）のなかで規定されています。しかし、役割に関して、法律で成文化されたものはありませんでした。それが2005（平成17）年の法改正により、ケアマネジャーとは、相談援助職であること、サービス事業所等との連絡調整等を行う者であること、自立支援に必要となる専門的知識・技術を有する者であること、介護支援専門員証の交付を受けた者であること等が介護保険法に明記されました。

② 登録と更新制の導入

　ケアマネジャーは、都道府県知事が厚生労働省令により定めた試験（介護支援専門員実務研修受講試験）に合格し、介護支援専門員実務研修を受けた者が得る資格です。2005（平成17）年改正で以下の事項が創設されました。
・介護支援専門員の登録規定
・介護支援専門員証の交付規定
・介護支援専門員証の有効期間（5年）
・更新制の導入に関する規定
・登録消除規定
・介護支援専門員証の提示に関する規定

　2005（平成17）年の法改正でケアマネジャーの資格や役割についても成文化されました。ケアマネジャーが質の高い実践をするには最低限の資質を備えておく必要があることから、上記の規定が設けられました。図2-2に示すように、制度の責任を引き受けるうえで、その核となるケアマネジャーの資質を保つ最低ラインを国民に対して担保する仕組みへと変わりました。

図2−2　規定のバランス

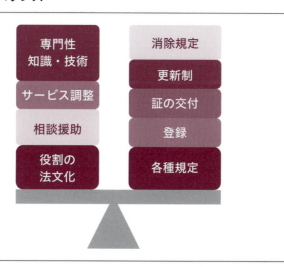

---

column

社会のニーズと法改正

　皆さんは、法改正があると改正後に成立した条文を目にすることになりますが、法改正に至るまでのプロセスをご存じでしょうか。

　筆者はケアマネジメントの実践を経て厚生労働省の職員として2018（平成30）年の介護保険制度改正に携わった経験があります。法案策定にかかわった経験から深く認識したことは、たとえ1文字であっても簡単には変更できないということ。変更するにあたっては、あらゆる分野の専門家や関係者と意見交換し、国民・財政への影響を確認したうえで、最終的には国会の審議に至るわけですが、改正法の公布に至るまでには2年弱の歳月を要しました。法を改正することの重みを認識しました。

　法律にケアマネジャーの役割が明記されたということは、ケアマネジャーに対する社会の期待が法律に反映されたともいえます。だからこそ「法令遵守」は国民の期待への応答（社会的信頼）へとつながるものだといえるでしょう。

③　居宅介護支援事業所における主任介護支援専門員の役割の創設

　2006（平成18）年度の介護報酬改定では、居宅介護支援事業所の特定事業所加算が創設され、その要件として、「管理者である主任介護支援専門員の配置」が設けられました。

　介護保険制度施行から6年後に後進を育成する役割としての**主任介護支援専門員**が制度的に生まれたことは、専門職の確立をめざすうえで大きな意味がありました。主任介護支援専門員に実施されている研修の目的は、幅広い連携やケアマネジャーへの助言、これらを通して、地域のケアマネジメントが適切に展開されるような働きをすることです。

7　ケアマネジャーと事業所に関する規定

①　事業所管理者要件の創設

　居宅介護支援事業所の管理者の要件は、2006（平成18）年4月から設けられました。それまで要件設定はありませんでしたので、ケアマネジャーでも専門職でもない者が管理者として登録されているという実態もありました。そこでケアマネジメントサービスの適切な提供やケアマネジャーの管理や支援を担う適任者は、ケアマネジメントの専門性をもつケアマネジャーであることから、管理者の要件に関する運営基準が創設されました。

②　利用者本位、公正・中立の堅持

　介護支援は、介護保険制度の施行によって、措置から契約、すなわち利用者の選択や自己決定を尊重する仕組みに大きく転換しました。しかし、現実はケアマネジャーに対して、自分が所属する法人のサービスに誘導しているのではないかという疑義が生じることもあります。そこで2006（平成18）年度の介護報酬改定によって「**特定事業所集中減算**」の仕組みが導入されました。

　居宅介護支援事業所やケアマネジャーに義務づけられている**中立性**は、介護保険法第2条第3項、第69条の34第1項に以下のように定義されていま

す。

介護保険法
（介護保険）
第2条　（略）
3　第1項の保険給付は、被保険者の心身の状況、その置かれている環境等に応じて、<u>被保険者の選択に基づき</u>、適切な保健医療サービス及び福祉サービスが、<u>多様な事業者又は施設から</u>、総合的かつ効率的に<u>提供されるよう配慮</u>して行われなければならない。

（介護支援専門員の義務）
第69条の34　介護支援専門員は、その担当する要介護者等の人格を尊重し、常に当該要介護者等の立場に立って、当該要介護者等に提供される居宅サービス、地域密着型サービス、施設サービス、介護予防サービス若しくは地域密着型介護予防サービス又は特定介護予防・日常生活支援総合事業が<u>特定の種類又は特定の事業者若しくは施設に不当に偏ること</u>のないよう、公正かつ誠実にその業務を行わなければならない。

特定事業所集中減算は、あくまで給付の偏りに着目した規定であって、このことだけをもって利用者の自己決定支援を公正・中立的に行えるわけではありません。また特定の事業所に偏ることだけをもって悪いとは言えないこともあります。特定事業所集中減算の真の目的は、利用者のサービス選択を誘導するような情報操作をしないこと、情報の非対称性があるなかで利用者の選択をケアマネジャーの意図する方向に誘導をしないことなどです。自社への誘導に限らず、仮にケアマネジャーが「このサービス事業所を使うのが一番よい」ということを理由に、その事業所の情報のみを利用者に伝えた場合、それはケアマネジャーが利用者の選択にかかわる重要な情報を操作したことになります（2018（平成30）年度の介護報酬改定で減算対象になりました）。

　介護保険制度では、ケアマネジャーが公正・中立を堅持することについて、重視しています。経済合理性を考慮しつつ、倫理的判断に基づいた実践

をするためには、ケアマネジャーの専門性を理解してもらう努力と経営者との対話が必要です。「公正中立な立場の堅持」は、ケアマネジャーの生命線といっても過言ではありません。

8 事業所の質の担保に関する規定

① 事業所の質の向上をめざした改正

2005（平成17）年の法改正では、介護サービス事業所の質の向上をめざした次の改正が行われました。

表 2－3　2005（平成17）年の介護保険法改正

指定事業所の指定の更新制度
・指定効力 6 年間 ・指定の拒否要件の創設
事後規制の強化
・市町村に監査権限付与 ・基準違反（厚生労働省令）に対して「改善勧告」「改善命令」を創設 ・不正請求等に対して「指定の効力の一部または全部停止」を追加

② 給付管理の意義を問われる時代へ

居宅介護支援事業所は、給付管理を行っています。そのため指導監査で確認されるのは居宅介護支援費の請求状況だけではありません。給付管理するサービス事業所が不正請求を行った場合、それを助けていないかどうかを問われます。もし「不正請求の幇助」が確認されると、表2-3にあるように、「指定の効力の一部または全部停止」の行政処分を受けます。

③ 問われる業務管理体制

介護保険制度施行とともに民間事業所の参入を認め、事業所数は順調に増加しました。そのおかげで当初心配されていた「制度あってサービスなし」

という状況は回避されました。その一方で、「介護」に市場原理が導入され、営利の追求に偏り最低限のサービスの質を担保する法規定さえも守らない事業所も出てきました。

たとえば厚生労働省令に定める人員配置基準や設備基準をごまかして指定を受ける悪質な事業所では、意図的に嘘をつき、介護報酬を得ていた、ということです。

このような流れから「業務管理体制」が成文化され（介護保険法第115条の32）、介護サービス事業者には法令遵守等の業務管理体制の整備が義務づけられました。

④　事後規制の強化

2006（平成18）年、株式会社コムスンによる違法な指定申請（人員配置基準違反）や不正請求、悪質な処分逃れ（事業所を故意に閉鎖し処分を逃れようとした）により、厚生労働省は同法人のほかの事業所も含めて一定期間更新や新規申請が受けられない規定（連座制）に基づいて処分しました。この事件は介護に携わる専門職や事業者を震撼させ、事業所に自ら業務管理体制の厳格化を意識させる出来事となりました。一方で、厚生労働省は、規制、事後規制（指導監査）を強化するとともに、都道府県等が実地指導を行う際に活用できる**介護保険実地指導マニュアル**を作成しました。

9　秘密の保持

① 個人情報の保護

ケアマネジャーは、介護保険法とともに、2005（平成17）年に全面施行された「個人情報の保護に関する法律」（個人情報保護法）に基づいた業務の遂行が求められています。組織として事業所内における個人情報の管理規定等に基づく情報の取り扱い、地域の事例検討会などにおける利用者の情報の取り扱いなどのルール化が進みました。個人情報管理に関するコンプライアンスの質は、社会一般においてもその法人や職種の質と直結するととらえら

れています。個人情報の管理について、センシティブな情報を多く取り扱うケアマネジャーは、専門職としての責任が問われています。

② 個人情報とプライバシー

　個人情報とプライバシーの違いは混同されがちですが、**個人情報**は個人が識別されるか否かが鍵となりますが、**プライバシー**は、他者に知られたくない情報といえます。もう少し具体的にみると、個人情報とは、氏名、性別、生年月日、本籍、住所、マイナンバー、収入、メールアドレス、指紋等、特定の個人を識別できる情報です。一方、プライバシーは、家族構成、学歴、病気の有無など、個人の私的な情報について他者から干渉・侵害を受けない権利です。自己の情報をコントロールする権利ともいえます。個人情報は、個人が識別できるか否かでわかりますが、プライバシーは、たとえば恋人の存在の有無を他者に知られることを望まない人と知らせてもよいという人がいるように、自分の私的情報の何を秘密にしたいかということは人によって異なってきます。

10　職能団体の設立と倫理綱領の採択

　2005（平成17）年、ケアマネジャーの職能団体である一般社団法人日本介護支援専門員協会が設立され、2007（平成19）年3月25日「介護支援専門員倫理綱領」が採択されました。ケアマネジャーが自らの価値と国民への誓いを倫理綱領として公表したのは、介護保険制度施行から7年目のことでした。ケアマネジャーが職能団体を設立し、倫理綱領を策定したことは、専門職の確立に向けた前進でした。

3　個別支援から地域づくりにつなぐ包括的モデル

　2009（平成21）年、**地域包括ケア**の概念が示され、具体的な取り組みが推進されてきました。さらに、2017（平成29）年の介護保険法改正では、深化

する地域共生社会の概念も打ち出されました。本書では、この間のケアマネジメントの機能を**「個別支援から地域づくりにつなぐ包括的モデル」**とし、ケアマネジャーの倫理に関する事柄に焦点をあてて述べていきます。

1 人口減少社会に対応した介護保険制度へのシフト

① 人材確保の困難さとケアプランの作成

わが国の社会保障制度は、およそ100年前の医療保険に始まり、人口増加、経済発展という想定のもと、発展してきました。日本が人口のピークを迎えたのは、介護保険制度創設から8年後、2008（平成20）年のことでした（1億2808万人）。その後、減少に転じ、将来も減少し続けることが予測されています。増加し続ける高齢者、減少する生産年齢人口という社会にあって、財源確保や人材確保の困難性という難題に業務効率化や給付の適正化などを行いつつ、さらに第四次産業革命によるICT、IoT、AI等の革新技術の導入も進んでいます。

ケアマネジメントもその影響を受けています。利用者本位のケアプランであれば、利用者が必要な時間にケアが受けられるよう調整すべきところ、いつ頃か現実はそうはいかなくなりました。サービス（人材）を確保できる時間に利用者の生活を合わせる方向へとシフトしています。

たとえば、訪問介護では介護報酬改定のたびにサービス提供時間の短縮化へと誘導されてきたため、訪問介護員は利用者とじっくり向き合ってコミュニケーションをとることが難しくなりました。訪問介護に限らずいかに時間内に、手際よく、事故やミスなく業務を完遂できるかが問われるようになっていったのです。

② 多職種協働・統合ケアの推進とチームマネジメント

2009（平成21）年以降、継続的に強化されたのは、入退院時における医療介護連携の推進です。入院日数が短縮されるなか、退院決定から退院までの期間も短縮化されました。

病院から自宅に帰ることができるか、また自宅で最期まで暮らせるかは、利用者の意思決定支援も含めたチーム力に左右されます。ケアマネジャーには、単にほかの職種と連携するというだけでなく、1人の利用者を中心につくるチームが相乗効果を上げられるようなチームマネジメント力が求められるようになりました（図2-3）。単に課題解決のために最適の社会資源を結びつけるという連携から、地域包括ケアを推進する統合ケアの実践へ転換していき、インフォーマルサービスも含めたマネジメントを求められるようになっていきました。

図2-3　ケアマネジャーに期待される多職種とのかかわり方の変化

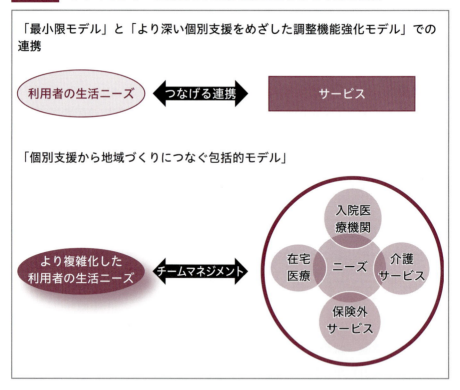

③　価値の対立と調整役割

　ケアマネジャーに期待される多職種とのかかわりは、「つなげる連携」から、「**チームマネジメント**」へと変化するなかで、多職種の価値観、業務範囲、組織内で置かれた立場等を理解する努力が求められるようになりました。また、多職種とケアマネジャーとの関係だけでなく、多職種同士の関係や価値や利害の対立を理解し、調整できる能力も求められます。従前の介護支援専門員研修だけでは、対応困難な現状がありました。

④　ケアマネジャーに必要な倫理的な気づき

　チームメンバー、退院時カンファレンス等をはじめとする多職種による会議の増加、限られた時間のなかでスピードを重視した調整や連携は、時にお互いを理解する十分な時間がないままチームが結成され、利用者支援が開始されます。チームの成熟には一定のプロセスや時間が必要ですが、利用者の支援を行ううえでは、その時間を十分に確保できていないのが現状です。そのためチーム内に違和感のある発言や決定が生じても、「何かおかしい」「職業倫理からズレているのでは」ということを言語化できない雰囲気のまま終わってしまうことがあります。各職種ごとに、職業誕生の歴史があり、教育背景、価値観、専門性は異なります。ケアマネジャーに求められることは、自分自身の違和感に気づくだけでなく、チームメンバーが感じている違和感を発言できる雰囲気をつくり、話してもらえる関係性を築いていくことです。話してもらうことができれば、何らかの介入をチームに対して行うことができますが、そのためには「対話力」と「聴く力」が必要です。ケアマネジャーには利用者へのサービスはもちろんのこと、チームに対する働きかけや配慮が期待されています。このように連携のハブ機能を果たすケアマネジャーにとっての倫理的な気づきは、①自分自身にとっての倫理的な気づき、②チームメンバーが感じる倫理的な気づきに耳を傾けることが重要です。

⑤　職業倫理に照らしたケアマネジメント実践

　ケアマネジャーには倫理的な視点から利用者とチームメンバーに対する配慮が求められています。まずケアマネジャー自身が職業倫理を理解していること、自分自身と利用者のかかわり、利用者とチームとのかかわり、自分自身とチームメンバーとのかかわり（ケアマネジメント実践）を職業倫理に照らして考える習慣をもつことが重要です。自分自身の職業倫理に照らして自分のケアマネジメントを振り返る（リフレクション）ことができないとしたら、異なる価値観をもつ多職種との価値調整は難しいでしょう。それぞれの職種の倫理綱領には、共通する倫理とその職種の価値観が反映されている条文があります。それぞれが理念や価値観を尊重し、対話を重ねながら共通の意味を見いだしていくことが必要です。

すべてのつながりについて、倫理的な視点での振り返りが必要

⑥　ケアマネジャーの大半に倫理教育の必要性がある

　ケアマネジャーは、倫理的な気づきやジレンマについて、自分自身とチームに起きている出来事を整理する力が求められることを述べてきましたが、現実的には多くの困難を経験することでしょう。なぜなら、法定研修、実務研修に「倫理」が科目として導入されたのは、2016（平成28）年度以降のことであり、2000（平成12）年から2015（平成27）年に資格を取得したケアマネジャーの大半が倫理についての教育機会を得ないまま、実践を行っているからです。主任介護支援専門員研修で初めて倫理を学ぶ人も多く、倫理的視点からケースを分析することはまだ難しいでしょう。その意味で本書の活用が望まれるのですが、特に教育を行う指導者の育成は急務です。実践するうえで必要となる倫理教育とは、単に職業倫理を読み合わせたり、起きている課題を倫理綱領の項目に当てはめることでは不十分です。本書第3章を活用して、ぜひトレーニングしてください。

2　ケアマネジャーの資質向上に向けた取り組み

①　ケアマネジャーの法定研修の見直し

　厚生労働省は、ケアマネジメントの技能を全国一律の一定の水準とするべく、2013（平成25）年1月「介護支援専門員（ケアマネジャー）の資質向上と今後のあり方に関する検討会における議論の中間的な整理」を踏まえ、ケアマネジャーの資質向上の取り組みを行ってきました。そこに示される4つの柱のうち、「(1)ケアマネジメントの質の向上」の解決策の1つに「介護支援専門員に係る研修制度の見直し」がありました。法定研修の見直しの検討は、2013（平成25）年度より開始され、2016（平成28）年4月から施行されました。

②　実務研修に位置づけられたケアマネジャーの倫理

　2016（平成28）年度に施行された法定研修の課程のうち、最も時間数が増えたのは実務研修で、従前の44時間が87時間＋実習（3日間）となり、その

研修において、ケアマネジャーの倫理を学ぶことになりました。それまでは、倫理を知らないまま実務経験に出ていた状況を考えれば、大きな前進ですが、実務研修で学んだ倫理だけではとても十分とはいえません。法定研修は最低限のことだけを学ぶ場です。法定研修で基本を学んだ後、実践に照らして省察することが重要です。日々のケアマネジメント実践を通して倫理的感受性を磨いていくこと、さらに研修や書物を通して、倫理的に思考する習慣を身につける必要があります。

③ 資質向上に向けた事業所の責務

2012（平成24）年度の介護報酬改定の際に改正された運営基準には、事業所に対してケアマネジャーが研修を受講するなど、資質向上に向けた取り組みの機会の確保について、規定されました。このことは、「介護支援専門員倫理綱領」にも「専門的知識と技術の向上」として明記されています。

研修のテーマ選びは、単に「おもしろそうだ」よりも「利用者を支援する観点から身につけるべき知識とは」の視点をもつことで苦手な領域へのチャレンジにもつながります。そうすれば研修受講は専門職としてさらなる成長の機会になるでしょう。

資質向上のため研修機会を確保することは事業所の責務です。管理者はケアマネジャーが研修受講の意義を理解し研修を計画的に受けられるよう支援しましょう。

3　地域共生社会に対応するケアマネジメント

① 特定事業所加算の要件

特定事業所加算は、2006（平成18）年度に創設され、その後、介護報酬改定ごとに要件が見直されてきましたが、2018（平成30）年度には、**表2−4**の改定が行われました。

表2-4 2018（平成30）年度介護報酬改定において追加された特定事業所加算の種類と要件

特定事業所加算（共通）	地域における人材育成を行う事業者に対する評価。特定事業所加算について、他法人が運営する居宅介護支援事業所への支援を行う事業所など、地域のケアマネジメント機能を向上させる取組を評価することとする。
特定事業所加算（Ⅳ） ※2019（平成31）年4月1日から適用	特定事業所加算（Ⅰ）～（Ⅲ）のいずれかを取得し、かつ、退院・退所加算の算定に係る医療機関等との連携を年間35回以上行うとともに、ターミナルケアマネジメント加算を年間5回以上算定している事業所。

② 地域共生社会におけるケアマネジメント

2017（平成29）年の介護保険法改正では、**地域共生社会**の概念が示され、**共生型サービス**も導入されました。障害サービスと高齢の介護サービスが相乗りする形です。そのため2018（平成30）年度は、相談支援専門員と介護支援専門員の連携に関する運営基準の改定が行われました。地域共生社会の方向性を見据えれば、今後、どのようなケアマネジメント機能が求められるのでしょうか。地域共生社会では、障害、高齢、児童、生活困窮など制度縦割りではなく、支援する側とされる側に分かれるのではなく……、といったことが示されています。ケアマネジメントの実践者として、それを自ら切り拓いていくことも大切な役割の1つです。

4 ケアマネジメント実践者の自律性と独立性

① 独立型居宅介護支援事業所

ケアマネジメントの中立性を保つためには、どのような環境が必要でしょうか。しばしば耳にするのは、居宅介護支援事業所の経営は、経営実態調査に基づけば収支差益がマイナスだから無理だ、という意見です。ところが実

際には、6％から数十％の利益が出ている事業所が存在するのも事実です。特定事業所加算を取得したり、事業所の規模を大きくすることで、居宅介護支援事業所の経営は改善することが統計的にもわかっています。いわばケアマネジャーがチームで仕事を行う環境やチーム内の連携ができていれば可能だといえるでしょう。ただし、どんなに経営状態が安定しているとしても、ケアプランの作成に関して何らかの指示や圧力を感じるとすれば、それは中立的、自律的なケアマネジメントの実践といえません。

　実は2009（平成21）年度の介護報酬改定時の特定事業所加算には「事業所の独立性・中立性を高める観点から、実態に即し段階的に評価する仕組みに見直す」という記述がありました。国は、中立性の実現には独立性が必要であり、独立性は専門性の発揮のためにも必要な環境であることを理解していたのです。しかし現場のケアマネジャーは、ケアマネジメント実践の独立性と、居宅介護支援事業所単体の収益で事業経営していくことも含め、独立性を求めているでしょうか。実際に併設型の居宅介護支援事業所は現在も9割を占めています。どんなに国が必要性を感じ、独立性を高める方法を示したとしても、それを実現することは、実践者にしかできないことです。

② 居宅介護支援事業所の指定権限の移譲とケアマネジャーの自律性

　少なからず、ケアマネジャーから「ケアプラン点検や地域ケア会議で、利用者は望んでいないケアプランの内容に変えるように言われている」「主任介護支援専門員の研修に推薦してもらえるように保険者に協力したり、保険者の言うとおりにやっている」といった話を聞くことがあります。これでは、ケアマネジャーは自律できないでしょう。

　保険の運営や管理は保険者の責任ですので、時には過度に管理的になることもあるでしょう。一方で、現場の利用者の実態や、ケアマネジメントの専門性については、ケアマネジャーの専門領域です。ここには専門職としての矜持をもって、守りぬく姿勢が求められます。もちろん一事業所として主張するのは容易ではありません。だからこそ職能団体の活動が重要です。

　ケアマネジャーは今後、利用者の代弁だけでなく、市民の声を集め、行政に届けるといった広い意味での代弁に力を注いでいくべきでしょう。もちろんその実行はたった1人のケアマネジャー、1つの事業所ではできません。ケアマネジャーの組織となって保険者と対話できる組織、仕組み、関係が必要です。組織があれば、たとえば保険者の給付の解釈や、実地指導での指導の内容など、1事業所の問題ではなく、地域のすべての事業所のこととして対話ができます。

　目の前のことばかりを見ていると、専門性を発揮できる環境を失い、結果として利用者を守ることができなくなります。自らの仕事や環境を鳥瞰し、少し先の時間軸を意識して、専門性の確立、行政との関係づくりを行っていきましょう。

　20年というわずかな歴史ではありますが、多くのケアマネジャー、先達が積み上げてきた歴史があり、そのなかで倫理に関する考え方や教育も変遷してきました。次項では、「介護支援専門員　倫理綱領」について解説します。

III 介護支援専門員の倫理綱領

1 介護支援専門員が公言した社会との約束

　皆さんのなかには、日本介護支援専門員協会の「介護支援専門員　倫理綱領」（以下、「倫理綱領」という）を「読んだことがない」「どこに掲載されているか知らない」という人も少なくないのではないでしょうか。本書は倫理的感受性を磨くための本です。第1章で倫理原則について解説しましたが、それらをベースとしたうえで、私たちが倫理的な実践を行っていくにあたって最も基本となる倫理綱領を理解し、自身の行動指針として活用する習慣をつけましょう。

日本介護支援専門員協会

平成19年3月25日採択

介護支援専門員　倫理綱領[1]

前　文

　私たち介護支援専門員は、介護保険法に基づいて、利用者の自立した日常生活を支援する専門職です。よって、私たち介護支援専門員は、その知識・技能と倫理性の向上が、利用者はもちろん社会全体の利益に密接に関連していることを認識し、本倫理綱領を制定し、これを遵守することを誓約します。

条　文

　（自立支援）

1. 私たち介護支援専門員は、個人の尊厳の保持を旨とし、利用者の基本的人権を擁護し、その有する能力に応じ、自立した日常生活を営むことができるよう、利用者

本位の立場から支援していきます。
（利用者の権利擁護）
2．私たち介護支援専門員は、常に最善の方法を用いて、利用者の利益と権利を擁護していきます。

（専門的知識と技術の向上）
3．私たち介護支援専門員は、常に専門的知識・技術の向上に努めることにより、介護支援サービスの質を高め、自己の提供した介護支援サービスについて、常に専門職としての責任を負います。また、他の介護支援専門員やその他専門職と知識や経験の交流を行い、支援方法の改善と専門性の向上を図ります。

（公正・中立な立場の堅持）
4．私たち介護支援専門員は、利用者の利益を最優先に活動を行い、所属する事業所・施設の利益に偏ることなく、公正・中立な立場を堅持します。

（社会的信頼の確立）
5．私たち介護支援専門員は、提供する介護支援サービスが、利用者の生活に深い関わりを持つものであることに鑑み、その果たす重要な役割を自覚し、常に社会の信頼を得られるよう努力します。

（秘密保持）
6．私たち介護支援専門員は、正当な理由なしに、その業務に関し知り得た利用者や関係者の秘密を漏らさぬことを厳守します。

（法令遵守）
7．私たち介護支援専門員は、介護保険法及び関係諸法令・通知を遵守します。

（説明責任）
8．私たち介護支援専門員は、専門職として、介護保険制度の動向及び自己の作成した介護支援計画に基づいて提供された保健・医療・福祉のサービスについて、利用者に適切な方法・わかりやすい表現を用いて、説明する責任を負います。

（苦情への対応）
9．私たち介護支援専門員は、利用者や関係者の意見・要望そして苦情を真摯に受け止め、適切かつ迅速にその再発防止及び改善を行います。

（他の専門職との連携）
10．私たち介護支援専門員は、介護支援サービスを提供するにあたり、利用者の意向

を尊重し、保健医療サービス及び福祉サービスその他関連するサービスとの有機的な連携を図るよう創意工夫を行い、当該介護支援サービスを総合的に提供します。
　（地域包括ケアの推進）
11. 私たち介護支援専門員は、利用者が地域社会の一員として地域での暮らしができるよう支援し、利用者の生活課題が地域において解決できるよう、他の専門職及び地域住民との協働を行い、よって地域包括ケアを推進します。
　（より良い社会づくりへの貢献）
12. 私たち介護支援専門員は、介護保険制度の要として、介護支援サービスの質を高めるための推進に尽力し、より良い社会づくりに貢献します。

　本倫理綱領は、ケアマネジャーが専門職としてめざす価値、向かうべき方向、とるべき行動や実践などを12条にわたって成文化した倫理的指針であり、職能団体として社会に対して公表しています。専門職は社会との信頼関係によって成立するものなので、期待される役割や責任を果たすために、職業人として自らの行動を律する高い倫理的規範が求められているのです。
　ケアマネジャーが専門職としての責任を自覚し、誇りをもって行動することで、さらに高い信頼を社会から得ることができるでしょう。

2 「介護支援専門員　倫理綱領」と倫理綱領解説

　日本介護支援専門員協会が示す「介護支援専門員　倫理綱領」は次の２つから構成されています。
- 「介護支援専門員　倫理綱領」2007（平成19）年３月25日採択
- 「介護支援専門員　倫理綱領　解説」2009（平成21）年３月26日

　「介護支援専門員　倫理綱領」を詳説しているのが、「介護支援専門員　倫理綱領　解説」です。
　倫理綱領の各条文は一見すると、当たり前のことのようにみえますが、日常的に実践することは決して容易なことではありません。制度の仕組み、地域の関係者、法人内の立場や人間関係における葛藤を経験することも少なく

ありません。しかし、日々の実践を通して経験する気づきや葛藤と向き合っていくことは、専門職としてよりよい実践に近づくために避けて通れないことなのです。

本倫理綱領は、前文と12の条文から成っています。ここからはこの倫理綱領について解説していきます。

1 倫理綱領の前文

倫理綱領には前文があります。前文は、条文の前に置かれる文であり、倫理綱領を策定した理由や目的などが述べられています。倫理綱領の前文に明記されている内容には次のような特徴があります。
- 介護保険法第7条第5項の専門職の定義
- 支援対象と活動の目的
- 高度な専門性・倫理性に基づいた活動と公益性のつながり
- 倫理綱領の社会に向けての誓約という性質

ケアマネジャーは、介護保険法第7条第5項に規定された要介護者・要支援者を対象とした相談援助の専門職であり、利用者が自立した日常生活を営めるよう支援することを目的としています。そして「利用者の自立」を実現するためには専門的知識や技術を高めるとともに、「利用者にとっての最善とは何か」を考える高い倫理性が求められており、そのための努力を続ける人こそが専門職と呼ばれるにふさわしいといえるのです。ケアマネジャーには専門職としての矜持をもち、倫理綱領に定める条文を理解し、それに基づき常に品位をもって行動する責務があるのです。

2 倫理綱領の条文

倫理綱領は12の条文から成り、次のような構成になっています。
- 条文1・2・4～9：利用者への関与に際し、守るべき価値と義務
- 条文3・10：介護支援専門員としての責任を果たすために必要な努力
- 条文11・12：環境づくりに向けて必要な努力

表2-5　3部構成の倫理綱領

利用者への関与に際し、守るべき価値と義務	
1	自立支援
2	利用者の権利擁護
4	公正・中立な立場の堅持
5	社会的信頼の確立
6	秘密保持
7	法令遵守
8	説明責任
9	苦情への対応
介護支援専門員としての責任を果たすために必要な努力	
3	専門的知識と技術の向上
10	他の専門職との連携
環境づくりに向けて必要な努力	
11	地域包括ケアの推進
12	より良い社会づくりへの貢献

　倫理綱領の各条文はバラバラに存在しているのではなく、それぞれ関連し合っています。なかには「社会的信頼の確立」「公正・中立な立場の堅持」「専門的知識と技術の向上」のように1つの条文が全体に関連するものもあります。倫理綱領を理解し、行動する際には、倫理綱領のこのような構造上の関連も頭に入れておくとよいでしょう（図2-4）。

図2-4 構造上の関連

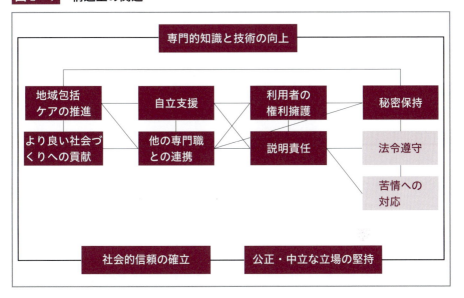

① 条文1:「自立支援」

> 私たち介護支援専門員は、個人の尊厳の保持を旨とし、利用者の基本的人権を擁護し、その有する能力に応じ、自立した日常生活を営むことができるよう、利用者本位の立場から支援していきます。

倫理綱領の条文1には、基本的にその職種が最も価値をおく内容が明記されています。たとえば、医師であれば、医学の知識と技術の習得とその進歩・発展に尽くすことを掲げており、看護師は、人間の生命、人間としての尊厳および権利の尊重を第1条に掲げています。本倫理綱領では、個人の尊厳の保持、利用者の基本的人権を擁護、自立した日常生活、利用者本位といったケアマネジャーが自立支援をするにあたっての鍵となる内容が明記されています。

介護保険法において介護保険サービスがめざすのは利用者の「日常生活の自立」です。ケアマネジャーが行う自立支援とは、利用者が自身の置かれた

状況を理解したうえで、再び人生を自分自身でつくり上げていくために必要な支援を行い、その自立を後押しすることです。

そのためにケアマネジャーは医療的観点による予測（＝予後予測）から、生活環境、家族関係、経済状況、利用者の生活習慣や性格を踏まえた総合的な予測、つまり「生活の将来予測」を可能な範囲で、利用者・家族、ケアチームとともに行います。それは利用者の価値観に沿った「その人にとっての自立」とは何かを一緒に考え、ケアチームで共有し、同じ方向を向いてサポートできる体制を整えることであり、ケアマネジャーが行う自立支援に向けての第1歩となります。日常の生活行為ができることはもちろん重要ですが、そのことは自立を構成する一部にすぎません。自立支援には、人間を全体的存在として理解する視点から支援することが求められており、その理解が「人格の尊重」「尊厳の保持」につながります。利用者の心身状態（重度の認知症や寝たきり等）、社会的地位、経済状態、生活習慣、国籍や文化、宗教等によって差別することがあってはなりません。利用者は、疾病やけがにより心身機能が低下し、日常的に当たり前と思っていたことができなくなり、人生の再設計をやむなく迫られるような窮境に陥った状況にあります。ケアマネジャーは低下している利用者の自尊感情を高め、自己効力感を取り戻すことができるようにかかわることが重要であり、そうしたかかわりを通して、利用者との信頼関係を築くことが可能となります。

② 条文2：「利用者の権利擁護」

> 私たち介護支援専門員は、常に最善の方法を用いて、利用者の利益と権利を擁護していきます。

介護保険制度では、利用者の住まいがどこであっても、必ず担当ケアマネジャーが配置されています。誰もがケアマネジャーに相談することができ、ケアマネジャーは利用者の権利を守る仕組みになっています。それは、人員配置、運営基準にも反映されており、利用者はケアマネジャーに対してそう

した役割を期待しています。では、本条で述べているケアマネジャーが擁護すべき利用者の権利とは何でしょうか。

　利用者には「知る権利」「自らの意見を述べる権利」「豊かな生活を送る権利」「プライバシーに配慮を求める権利」「理解できる言葉で十分に説明を受ける権利」「自己決定権」等の権利があります。介護保険サービスの利用者の権利は、2005（平成17）年の法改正で第1条において、要介護状態となった者の「尊厳を保持し」「自立した日常生活を送る権利」があるとしており、また、運営基準では「適切なサービスを受ける（終了する）権利」「健康や安全に配慮される権利」「（サービスの選択に際し）理解できるよう懇切丁寧に説明を受ける権利」「情報開示を請求する権利」「自由に意思を表出する権利」「自己決定する権利」「改善要求・苦情申し立ての権利」等が規定されています。これらを事業所が遵守し責務として行うことで、利用者の権利が守られるのです。ケアマネジャーは、ケアマネジメントにおいて、利用者がこれらの権利を適切に行使できるように支援する必要があります。

- 適切なサービスを受ける権利
- 健康や安全に配慮される権利
- 理解できるよう丁寧に説明を受ける権利
- 自由に意思を表出する権利
- 自己決定する権利
- 改善要求・苦情申し立ての権利

『権利擁護』

そのためには、利用者も自身が行使できる権利を知ることができるよう、ケアマネジャーとして、利用者の理解できる言葉で説明する必要があります。ケアマネジャーが自身の独断で利用者は「どうせ理解できないから」「説明してもすぐに忘れるから」「そんなことより早くサービスの調整をしないといけないから」などと判断することがあってはなりません。介護保険制度を初めて利用する利用者にとって、自分にどのような権利と責務があるのか知ることは利用者の重要な権利であり、説明することはケアマネジャーの責任であることを認識しましょう。できれば、初回面談の段階で「利用者のもつ権利」について伝え、それらの権利を擁護することに努めましょう。

　ケアマネジャーは、ケアマネジメントの全過程を通じて、利用者の理解度、気持ちに配慮し、利用者が権利を行使できるように支援します。たとえば、利用者が医療者からの説明をうまく理解できずに戸惑っている場合、ケアマネジャーは医療者に対し「もう一度、具体的にやさしい言葉で説明していただけますか」と代弁し、「わかりやすい説明を受ける権利」が行使されるよう支援します。また、利用者が退院時に自宅に戻りたいという本音を言えずにいる場合には、「自由に意思を表出する権利」が行使しやすいようケアマネジャーは「退院したらどこで暮らしたいと思っていますか」（A）という質問をすることで話すきっかけをつくる機会となります。もし、利用者が言えない場合には、ケアマネジャーが「私から代わりにお話ししてもよいですか。（本人の許可を得たうえで）本当は家に帰りたいという気持ちがあるけれど、ご家族に迷惑がかかるんじゃないかと心配されているんですよね」（B）といった「**代弁機能**」を行使することもできます。利用者の心身の状態や場面に応じた適切な方法で支援できるようにしましょう。

　逆に、ケアマネジャーが「〇〇さんの場合には、家に帰ったほうがよいでしょう。そのためには〇〇の方法でやりましょう」（C）と結論を誘導することがないように注意しましょう。たとえ、それが善意であったとしても、利用者の権利を侵害し、不適切な支援につながる危険性は否定できません。

　前述した、「退院後の居所に関する本人の意思表示の支援」について、例

で示したそれぞれの対応A～Cについて、倫理的な観点から振り返ったものを表2-6にまとめてみました。

また、ケアマネジャーは、介護保険サービスの適切な利用を支援するだけでなく、家族やほかの専門職とともに利用者の生活全般に目を配り、権利の侵害から利用者を守る体制づくりが必要です。権利侵害を防止するシステムには、「福祉サービス第三者評価制度」「成年後見制度」「日常生活自立支援事業」等があります。

表2-6　分析・振り返りシート

（例）「退院後の居所に関する本人の意思表出の支援」についての倫理的観点からの振り返り

対応パターン	対応方法	倫理的観点からの課題
A	本人が意思表出できる機会を会話のなかに設けた	・対応としては適切である ・本人が十分に意思表出できたかを確認する
B	本人の許可を得たうえで代弁した	もう少し後押しをすれば、代弁ではなく、本人自身による意思表出ができた可能性はなかったか
C	ケアマネジャーがよいと考える方法を提示した	・本人の意思表出の機会が担保されなかった ・本人の意思が尊重されなかった ・パターナリズム

> **column**
>
> ### 日常生活に潜む詐欺から利用者を守る
>
> ある日、ケアマネジャーが本郷さんのお宅にモニタリング訪問したところ、本郷さんは血相を変えてお札を数えていました。異様な雰囲気を感じ取ったケアマネジャーは、「何があったんですか？」と本郷さんに声をかけたところ、「息子がね、お金が必要だから、って」と答えながら、わき目もふらずお札を数えていました。ケアマネジャーは、「それは大変ですね」といったん肯定したうえで、「でも、本当に息子さんでしたか？」と確認しました。
>
> 本郷さんは、ここでようやくケアマネジャーのほうを向いて、「息子だったと思う……」と言いながら電話の声を思い出そうとしたので、「息子さんに電話してみましょうよ」と提案してみました。息子さんに電話すると「あれ？　母さん、どうしたの？」とおだやかな声が返ってきました。こうして本郷さんはケアマネジャーの冷静な状況判断によって詐欺被害を免れることができました。もし、ケアマネジャーがかたくなに家族内の金銭問題にまで立ち入るべきでないという考えをもっていたならば、詐欺を防ぐことはできなかったでしょう。「要介護者は詐欺や搾取にあいやすい傾向にある」、必要に応じて「生活全般で権利擁護が必要」だという視点をもっておくことが重要です。

③　条文3：「専門的知識と技術の向上」

> 私たち介護支援専門員は、常に専門的知識・技術の向上に努めることにより、介護支援サービスの質を高め、自己の提供した介護支援サービスについて、常に専門職としての責任を負います。また、他の介護支援専門員やその他専門職と知識や経験の交流を行い、支援方法の改善と専門性の向上を図ります。

　ケアマネジャーの専門性が高ければ、課題分析や生活の将来予測の精度は高まり、利用者が得られる選択肢の幅や得られる情報も広がります。ケアマネジャーとしての熟練度の高さは、利用者支援の質、すなわち利用者の生活

（QOL）に直結します。そのことを認識し、自己研鑽や相互学習、居宅介護支援事業所等、組織として利用者支援に努めていく責務があります。

　ケアマネジャーの知識・技術と同様に同僚や多職種とのネットワークの広さや質は、利用者の自立支援やQOLと深くかかわってきます。また、ケアマネジャーは、どのような情報を利用者に伝え、どの職種（事業所）を利用者に紹介するか、利用者にとっての最善を考えて、環境を調整する必要があります。

④　条文4：「公正・中立な立場の堅持」

> 　私たち介護支援専門員は、利用者の利益を最優先に活動を行い、所属する事業所・施設の利益に偏ることなく、公正・中立な立場を堅持します。

　ケアマネジャーにとって「**公正・中立**」な立場で判断、行動することは、ケアマネジメントの質を左右する大前提となります。ケアマネジャーが何を目的にサービス調整をするのかによって、利用者に提供する情報の内容は異なります。利用者の立場に立ち、自立支援やQOLの向上のみを目的にサービス事業所を検討するか否かでサービス事業所や選択肢の数、利用者への説明内容は異なってきます。

　利用者や家族とケアマネジャーの間には、「情報の非対称性」があります。専門的な情報については、ケアマネジャーのほうが利用者や家族よりも圧倒的に多くもっています。直接的にサービスを提供しない相談援助の専門職としてのケアマネジャーが存在するのは、公正かつ中立に相談援助の機能を果たすためです。

　実際のところケアマネジャーが特定の事業所に利用者を紹介することは、制度施行以来長く論じられている課題の1つです。利用者の立場を抜きにして特定の事業所に誘導することに葛藤を生じないケアマネジャーがいるとすれば、倫理的感受性が鈍っているおそれがあります。

　ケアマネジャーは、誰に対しても「公正・中立な立場」で考え、判断し、

行動できるということを強みとしてとらえる必要があります。医療者や医療機関、保険者、声の大きな家族等、ケアマネジャーがある意味において「力」を感じる相手の場合であっても、利用者の尊厳や意思を尊重し、最善の方法で自己決定の支援を行うことを許された相談支援の専門職です。利用者にとって大切なことは、自分の担当のケアマネジャーが適切な方法で説明し、根気よく理解を求める努力を積み重ねてくれることです。ケアマネジャーには、時に、勇気が求められますが、「利用者のために行動するという信念」と「精神的な強さ」をもつことで乗り越えられることも少なくありません。

⑤ 条文5:「社会的信頼の確立」

> 私たち介護支援専門員は、提供する介護支援サービスが、利用者の生活に深い関わりを持つものであることに鑑み、その果たす重要な役割を自覚し、常に社会の信頼を得られるよう努力します。

ケアマネジャーには、公益性の高い専門職として、社会に貢献する責務があります。したがって、職業倫理に反する行動、不正請求・不正給付の幇助等の介護保険法の法令違反をした場合、それは個人の信用や信頼だけでなく、ケアマネジャー全体の信頼を失うことになります。専門職としての社会的信頼や評価は、一朝一夕に得られるものではありません。居宅介護支援事業所の指定権限等の移譲などにより保険者ごとの活動が活発になっていますが、地域のなかで一人ひとりのケアマネジャーが日々の業務を真摯に取り組むことが社会の信頼を得るための最善の道だといえるでしょう。

さらに、主任介護支援専門員(以下、「主任ケアマネジャー」という)や管理者の場合、社会の信頼に応えるために日々努力し、ケアマネジャーの役割モデルとなることが求められています。倫理綱領に基づいて行動するとともに、ケアマネジャーから「一緒に活動したい」「相談したい」と思ってもらえることが主任ケアマネジャーの備える第一の資質かもしれません。ケア

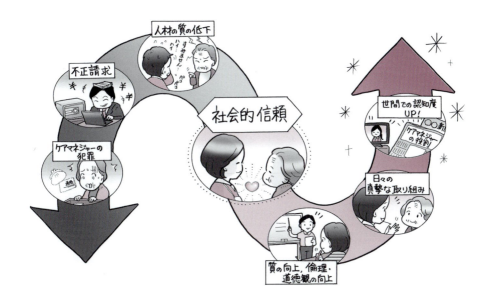

マネジャーはもちろん関係する人々と積極的に対話を重ねることにより、結果的に自分自身も成長していることに気づくでしょう。

⑥ 条文6：「秘密保持」

> 私たち介護支援専門員は、正当な理由なしに、その業務に関し知り得た利用者や関係者の秘密を漏らさぬことを厳守します。

ケアマネジャーの利用者の情報の取り扱いには、以下にあげるような法的、倫理的根拠があります。
- 法令遵守（介護保険法第69条の37「秘密保持義務」）
- 「介護支援専門員　倫理綱領」の「秘密保持」
- 利用者との専門的な援助関係を形成する一要素「秘密を保持して信頼感を醸成する（秘密保持）」[2]

利用者がケアマネジャーに提供する情報には、心身の状態、家族の歴史や家庭環境、経済状況等、通常であれば他者に対して積極的に伝えたいとは思

わない私的な内容です。それでも、利用者や家族が話してくれるのは、専門職としてのケアマネジャーに対する基本的信頼があるからです。バイステック（Felix P. Biestek）は、「秘密保持などの原則から成り立つソーシャルワーカーの倫理綱領も自然法にその根拠をもっている」とし、自然法については次のように解説しています。「自然法は人間が人間に対してもっている、また仲間、家族、社会、さらに神に対してもっている義務を明確なかたちで示したものである」[3]と述べています。ケアマネジャーの活動の目的である「利用者の自立支援」は、利用者との信頼関係の上に成立することを自覚したうえで、守秘義務を守り、情報は慎重に取り扱う必要があります。

　利用者の相談においてケアマネジャーは、適切に課題分析し、的確な支援を行うために必要な情報を収集します。厚生労働省は、課題分析標準項目（23項目）を定めていますが、個々の利用者の状況に応じ、さらなる情報が必要となることがあります。ケアマネジャーが課題分析標準項目以上の情報を収集する場合、その情報を必要とする判断根拠を利用者や家族に説明する責任があります。したがって、追加で求める情報については、「支援を行ううえで必要である理由」を自身で答えられなければ、それは支援を装ったプライバシーの侵害となります。秘密保持の義務は当然ですが、それ以前に、利用者の個人的な情報を必要以上に開示させることがないように注意することが必要です（表2−7）。

　また、取り扱う利用者情報の範囲、量、機会等がほかの職種よりも多いケアマネジャーは、情報漏洩のリスクも高くなりますので、収集した情報を適切に管理することが重要です（第3章p.140参照）。

　ケアマネジャーが利用者情報の取り扱いに留意する必要があるのは、たとえば、次のような場面です。
- 個人情報の取り扱いに関する利用者、家族の同意を得る場面
- 文書を取り扱う場面
  - 移動時（紛失、盗難）・通信時（電話、FAX、メール、ICT等）・事業所内の保管方法（紙ベース、データベース）など

表2−7 ケアマネジャーが取り扱う情報の範囲、量、発信とリスク

利用者の生活全般にわたる広い範囲の情報を取り扱う	情報の範囲
多職種からの情報が集約されるため、ほかの職種より取り扱う情報の量が多い	情報の量
連携の要であるため、多職種・他機関に対し発信する情報提供の機会が最も多い	情報提供の機会の多さ
居宅介護支援では、自宅訪問を基本とするため移動時リスク（紛失や盗難等）がある	持ち運びリスク

- 会議（サービス担当者会議等）における情報共有の場面
- 事例検討会、研究、学会発表等における利用者の事例を用いる場面

　こうした業務場面ごとに事業所内において秘密保持に関する対応をルール化し、それを共有し、守らなければなりません。「これぐらいは大丈夫だろう」といった気のゆるみが個人情報の漏洩につながり、その結果、利用者が被害を被るだけでなく、最近では事件に発展する危険性もあります。ケアマネジャーが利用者に不利益をもたらすことがないように、毎時、緊張感をもった情報の取り扱いが求められていることを改めて深く認識しましょう。

⑦　条文7：「法令遵守」

> 　私たち介護支援専門員は、介護保険法及び関係諸法令・通知を遵守します。

　倫理には強い拘束力はありませんが（賞罰規定を設けている場合もある）、法律には拘束力があり、違反すると罰則が科せられます。ケアマネジャーが遵守しなければならない主要な法律等には以下のものがあります。
- 介護保険法
- 障害者の日常生活及び社会生活を総合的に支援するための法律（障害者総合支援法）

- 個人情報の保護に関する法律（個人情報保護法）
- 高齢者虐待の防止、高齢者の養護者に対する支援等に関する法律（高齢者虐待防止法）
- 障害者虐待の防止、障害者の養護者に対する支援等に関する法律（障害者虐待防止法）
- 社会福祉法
- 老人福祉法
- 指定居宅介護支援等の事業の人員及び運営に関する基準（都道府県・指定都市・中核市の条例）等

　介護保険法、指定居宅介護支援等の事業の人員及び運営に関する基準は、ケアマネジャーが業務を遂行するうえで重要な法令であり、法改正も含め、よく理解しておく必要があります。さらに、利用者はケアマネジャーに対して、法を遵守するだけでなく、自分の立場に立って一緒に考えてくれる倫理的なかかわりを求めていることを忘れないようにしましょう。

⑧　条文8：「説明責任」

> 　私たち介護支援専門員は、専門職として、介護保険制度の動向及び自己の作成した介護支援計画に基づいて提供された保健・医療・福祉のサービスについて、利用者に適切な方法・わかりやすい表現を用いて、説明する責任を負います。

　コミュニケーションの基本は、メッセージの共有ですが、ケアマネジャーが伝えたことを利用者が正確に理解するとは限りません。説明したからわかるだろうというのは、ケアマネジャーの論理であり、ケアマネジャーには相手が理解できる言葉で説明する説明責任があることを認識しましょう。

　事業所では時々、「もう何度も説明したのに」「この前も言ったのに」とケアマネジャーの愚痴が聞こえてきますが、それは、説明責任を果たせなかった自身の責任として引き受ける必要があります。介護における説明と同意の

場面は、ケアプランの署名など同意の証が目に見えるものばかりではなく、利用者となる人との出会いの瞬間から、毎日のケアや調整事の細部まで数えきれないほど多くあります。ケアマネジャーには、利用者の選択と自己決定を促す重要な役割を果たすために最善を尽くすことが求められています。

説明責任を果たすために心がけることは次のとおりです。
- 措置から契約となった介護保険の理念を理解する
- 自己決定を支援する役割を自覚する
- 利用者の自己決定の能力をアセスメントする
  ・説明された内容を理解する能力
  ・説明された内容を自分の価値観、人生の計画を考慮して評価できる能力
  ・選択した理由も含めてケアマネジャーに伝える能力
- ケアマネジャーだけでは説明できない、ほかの職種による説明が望ましい場合の状況判断とコーディネート力

⑨ 条文9:「苦情への対応」

> 私たち介護支援専門員は、利用者や関係者の意見・要望そして苦情を真摯に受け止め、適切かつ迅速にその再発防止及び改善を行います。

利用者には人格の尊重、尊厳の保持を踏まえ、自立に資する適切なサービス提供を受ける権利、同意したケアプランに基づくサービスを受ける権利、意思を表明する権利、苦情を申し立てる権利等があります。一方で居宅介護支援事業所には、業務品質の自己点検と改善に関する責務があります。

指定居宅介護支援等の事業の人員及び運営に関する基準
（指定居宅介護支援の基本取扱方針）
第12条　（略）
　2　指定居宅介護支援事業者は、自らその提供する指定居宅介護支援の質の評価を行い、常にその改善を図らなければならない。

人の行動には、意味があります。苦情の申し出があったときには、「利用者が苦情を申し出るに至った背景」を理解する努力をしてみましょう。人は、立場が異なれば見えているものも違っています。決して、苦情を申し立てた人のネガティブな感情のみにとらわれてはなりません。ケアマネジャーが見ているものではなく、利用者が見ているものを見てみようとする姿勢が大切です。苦情は事業所にとっても、ケアマネジャーにとっても、あるべき理想の姿に近づくための最強の教材ともいえるでしょう。苦情を真摯にかつ謙虚に受け止め、同じ状況をつくり出さないという覚悟が必要です。
　ケアマネジャーが対応すべき苦情には、自身に対するものとサービス事業所に対するものがあります。

1）ケアマネジャー自身への苦情対応
　苦情が発生し適切に対応することはきわめて重要なことですが、本来まず行うべきことは、日頃の業務品質の自己点検と改善の努力による苦情の未然防止です。さらには利用者等との面談を通じ、小さな不満の種を見つけ日々のコミュニケーションを通して、誤解を解いたり、改善を図ることに努め、直接苦情を言ってもらえる信頼関係を築くことが何よりも大切です。苦情は「理解される」ことへの渇望の裏返しとしての行動かもしれません。利用者のためにではなく利用者の立場から考え、誠実に向き合っていたか、自身の行動についてリフレクション（かかわりを振り返る）が必要です。
　本来、利用者と事業所の信頼関係に基づいて双方の努力で解決していくのが望ましい姿ですが、それが難しい場合、利用者は国民健康保険団体連合会（国保連）や自治体へ苦情を申し入れることができます。利用者が苦情を申し入れる際に迷わないように重要事項の説明時に苦情対応窓口を明記し、苦情の申し入れがあった場合には迅速かつ適切に対応（指定居宅介護支援等の事業の人員及び運営に関する基準（以下、「運営基準」という）第26条第1項）できるようにしましょう。
　また、苦情を受け付けた場合には、記録の義務があります（運営基準第26条第2項）のでそれに耐え得る情報収集、対応した時間、受付者、対応者等

が明確になるようにしておきます。対応する記録や報告等は運営基準に、組織内での具体的な対応手順や役割はあらかじめルール化し、共有化しておきましょう。また保険者等への報告や、保険者等から報告の請求、調査への協力依頼、改善報告の請求がある場合には、それらを行わなければなりません（運営基準第26条第3項、第4項、第6項）。

指定居宅介護支援等の事業の人員及び運営に関する基準
（苦情処理）
第26条　指定居宅介護支援事業者は、自ら提供した指定居宅介護支援又は自らが居宅サービス計画に位置付けた指定居宅サービス等（第6項において「指定居宅介護支援等」という。）に対する利用者及びその家族からの苦情に迅速かつ適切に対応しなければならない。
2　指定居宅介護支援事業者は、前項の苦情を受け付けた場合は、当該苦情の内容等を記録しなければならない。
3　指定居宅介護支援事業者は、自ら提供した指定居宅介護支援に関し、法第23条の規定により市町村が行う文書その他の物件の提出若しくは提示の求め又は当該市町村の職員からの質問若しくは照会に応じ、及び利用者からの苦情に関して市町村が行う調査に協力するとともに、市町村から指導又は助言を受けた場合においては、当該指導又は助言に従って必要な改善を行わなければならない。
4　指定居宅介護支援事業者は、市町村からの求めがあった場合には、前項の改善の内容を市町村に報告しなければならない。
5　（略）
6　指定居宅介護支援事業者は、指定居宅介護支援等に対する利用者からの苦情に関して国民健康保険団体連合会が行う法第176条第1項第3号の調査に協力するとともに、自ら提供した指定居宅介護支援に関して国民健康保険団体連合会から同号の指導又は助言を受けた場合においては、当該指導又は助言に従って必要な改善を行わなければならない。
7　（略）

2）ケアプランに位置づけるサービス事業所への苦情対応

　ケアマネジャーは、苦情があった場合、利用者が安心して自立支援に資するサービスを受けられるよう、苦情に至るまでの事実、原因解明、対応策を客観的に行います。苦情が発生した場合、その原因によってサービス事業所への対応を求めたり、利用者に理解を求める等、ケアプラン立案者としての責任ある立場、仲介役といった立場からの苦情に対応します。

　基本的にケアマネジャーは、モニタリングのなかで、利用者のサービス事業所のサービスに対する満足度について確認をしているはずです。したがって、ケアマネジャーは、利用者と対話を重ねて、利用者の思いを理解するよう努め、事業所に確認し、調整します。

　またサービス事業所が不当な責めを負っている場合には、ケアマネジャーは、制度上の限界などについての説明を行うとともに、担当している職員の人権が侵害されないための配慮も必要です。苦情のなかには、職員に対して以下にあげるように支配的な態度で指示してもよいという誤った認識をもっていたり、サービスの品質として一般常識的な範囲を超えるレベルを要求することもあります。

- 訪問介護で、ホームヘルパーがキッチンの壁を調理が終わるたびにみがきあげないとサービス記録に印鑑を押さず帰らせない。
- 食欲が落ちたのはホームヘルパーの料理の盛りつけの彩りが悪いせいだといってつくり直させる。
- 職員の人格を否定する発言やセクシャルハラスメント等。

　こうした状況が起きた場合、まずはサービス事業所の管理者にも対応してもらいますが、対応が難しい場合や給付にかかわる苦情の場合には、ケアマネジャーも対応します。対応にあたっては、利用者の権利を理解したうえで、地域のサービスの公平な分配、サービス事業所の法令に則った業務遂行、サービスを提供する職員の権利も守られるように両者に配慮できる能力が求められるのです。

column

言える人は少ないと思ったから僕が言います

　一人暮らしの母親を週に数回訪れる息子から訪問介護に対する苦情です。

　乾いた洗濯物はシワだらけ。キッチンの床はいつも水が飛び散って。カーテンはきちんと端まで閉めてくれない。認知症でズボンを脱ぐこともあるのに母の部屋は通りに面しているから外から丸見え……等。

　ヘルパーさんにもメンツがあるし、関係も悪くしたくないし、私もクレーマーなんて思われたくないから、ヘルパーさんとの交換ノートにお願いごとで書きました。書いたのも1度や2度じゃないですよ。でも一向に変わらない。僕はこんなこと言いたくなかったんです。でもね、なんで決心したかって、介護保険の利用者は、うちの母みたいに言えない人ばかりなんでしょう？　みんな我慢してるんだって思ったら、言える僕が言わなきゃ、って思ったんです。だからこれをうちだけの問題にしないでほしいんです。だからケアマネさんにも一緒に聞いてほしいと思って、同席をお願いしました。

　ほかの利用者の権利までを慮って勇気を出して苦情を申し出てくださった息子さん。ノートに何度も書かれたのに改善しなかったホームヘルパーの姿勢。ケアマネジャーとしてどのように対応すべきでしょうか。息子さんが期待していることは、「人の尊厳」に配慮した対応であり、自分と母のことだけでなく、すべての利用者を見据えた訴えだと理解することで、解決の方向性がみえてくるのではないでしょうか。

⑩ 条文10：「他の専門職との連携」

> 私たち介護支援専門員は、介護支援サービスを提供するにあたり、利用者の意向を尊重し、保健医療サービス及び福祉サービスその他関連するサービスとの有機的な連携を図るよう創意工夫を行い、当該介護支援サービスを総合的に提供します。

　ケアマネジャーは、利用者が自立した日常生活を営むことができるよう支援しますが、介護保険制度だけでなく、保健・医療・福祉や自助（介護保険外）サービスを活用、地域とも連携し課題の解決をめざします。さらに制度を活用するだけでなく、多職種との連携を通して、利用者の日常生活を多角的に支援する体制を整えます。

　一方でほかの専門分野を理解することは容易ではなく連携の難しさを感じることは少なくありません。それぞれの職種にその職業が誕生した背景、歴史、教育課程、資格制度、職業的価値観などがあるため、同じ現象を見ても、自分色（その職種の特性）の眼鏡でその現象を見ることになります。見る視点が違えば判断や解決策に違いが起こることも当然なのです。こうした違いが連携上の課題や職種間のジレンマとなります。また、実践現場は、多職種の価値の違いだけではなく、異なる法人との連携が必要となりますので、法人の理念、目標、規定等による影響も受けることになります。ケアマネジャーは、ケアチームの構成員の間に生じている多職種間の葛藤についての感受性を高め、同時に率直に対話できる関係性をつくっておくことが必要です。葛藤が生じている場合には、その職種に個別に話を聞いたり、カンファレンスや知識不足が要因となっている場合にはたとえばミニ勉強会を開催する等して、解決に向けて取り組みます。

column

連携は誰のため？

多職種連携を推進するための会議での出来事です。

地域のかかりつけ医とケアマネジャーの連携が推進されるよう、行政には医療介護連携の部署ができ、会議の開催も行政がセッティングします。ある日、連携ツールをつくるために複数の職種が集まって話し合いをしていると、次のような会話になりました。

医師：「こういうツールはなくても患者の診察をするうえで何も困らない」
　　　「こんなのができるとまた時間とられちゃって大変だよ」
行政：「ないとケアマネさんが困るんです。ケアマネさんのためのツールですから、先生、何とか協力してもらえませんか？」
ケアマネジャー：「……困るのは利用者さんですよ」「法令上も利用者さんの心身状態の悪化防止のために医療介護連携が明記されています！」

ケアマネジャーの発言は本質をついています。行政担当者が「ケアマネさんが困るんです」と言ったことに対して、ケアマネジャーは、「困るのは利用者さんですよ」という発言は正当かつ倫理的であるといえます。ケアチームとしての発言が「利用者の利益」に向けて集約されていくとき、連携はあるべき方向性に向けて進むことになるでしょう。

率直な意見交換とともに、その話し合いは「誰のために、何のために」行われているのかという共通認識をもてることが多職種連携を成功に導く鍵になるのではないでしょうか。

⑪　条文11：「地域包括ケアの推進」

> 　私たち介護支援専門員は、利用者が地域社会の一員として地域での暮らしができるよう支援し、利用者の生活課題が地域において解決できるよう、他の専門職及び地域住民との協働を行い、よって地域包括ケアを推進します。

　ケアマネジャーは、地域共生社会の概念に基づく地域包括ケアを進めていくなかで、地域でどのような存在として位置づけられるのか将来像を描く時期にきています。地域包括ケアは地域ごとに異なり、これが「正解」というものは存在しません。ケアマネジャーは、地域づくりの取り組みのなかで、行政、地域住民、多職種とともに活動を積み重ね、地域における今後のケアマネジャーの役割を再構築する必要があります。変化する社会のニーズに伴い、「地域社会はケアマネジャーに何を期待しているのか」を熟考し、専門職として未来を切り拓く自覚と責任が問われています。

⑫　条文12：「より良い社会づくりへの貢献」

> 　私たち介護支援専門員は、介護保険制度の要として、介護支援サービスの質を高めるための推進に尽力し、より良い社会づくりに貢献します。

　介護保険制度が施行された当時の目標は、介護サービスの量の確保でしたが、20年近く経過した現在の課題は、いかにして質を担保するかということです。多様化する利用者のニーズに沿ったサービスが求められる一方で、介護人材の不足は深刻化しており、十分な人員配置やゆとりのあるシフト調整、夜勤の回数、研修等の教育を受ける時間の確保も困難となっています。ケアマネジャーは、通信機器を活用した情報収集だけでなく、実際に施設の居室、通所系サービスのフロア、サービス提供中の自宅を訪問する等、ケアの提供場面を共有することで、サービス事業所とともに介護サービスの質の

向上をめざして取り組む努力が必要です。地域住民が安心できるサービス事業所が増えることは、利用者の権利擁護、自立支援とQOLにつながるでしょう。たとえば、ケアマネジャーが行うモニタリングなどをいつもより丁寧に、広い視野と目的をもって行うことは、「より良い社会づくりへの貢献」につながる活動になります。

　10年後、地域が必要とする介護保険サービスとはどのようなものでしょうか。ケアマネジャーは、ほかの職種と異なり、唯一介護保険法に位置づけられた専門職であり、利用者の日常生活全般とケアプランの作成、給付管理を担うという重要な役割を担っています。1人のケアマネジャーが1年に管理する給付総額は数千万円にも上るといわれています。本当に自立に資する必要なサービスなのか、あるいは過小サービスになっていないか、事業所のサービスは給付額に見合った質を担保しているのか、責任をもって吟味することが求められます。現在の社会保障費の一部は国の借金によって賄われていること、後世の国民（子どもや孫たち）にその負担を担ってもらわなければならない現状など、ケアマネジャーは単に給付管理するだけでなく、その先までを射程に入れる必要があります。現在と未来の利用者に対して、給付の公平な配分、現在の利用者の権利を擁護する役割と同時に、広義の意味では未来の利用者や国民の権利までも思慮できる賢明さが求められているのです。

【引用文献】
1）一般社団法人日本介護支援専門員協会「介護支援専門員　倫理綱領」
2）バイステック，F. P. 著、尾崎新・福田俊子・原田和幸訳『ケースワークの原則――援助関係を形成する技法　新訳改訂版』誠信書房、p.189、2006年
3）2）に同じ、p.192

第3章

事例を通して考えるケアマネジメントにおける倫理

第3章では、実際に現場で出会う事例を通して、何が、なぜ倫理的問題として問われるのか、倫理的実践とはどうあるべきかを解説していきます。もし、自分が事例に登場するケアマネジャーの立場だったらどのように対応するだろうかということを、自身の経験を振り返りつつ考えてみましょう。

I 利用者・家族とケアマネジャーとの間で直面する倫理的問題

1 はじめに

　本章では、さまざまな具体的事例をもとに倫理的問題について考えていきます。内容は、「事例紹介」「倫理的問題の分析」「演習」で構成され、「倫理的問題の分析」は、①何が倫理的問題なのか、②なぜ、このような問題が起こるのか、③倫理的問題への対応から成っています。

　各項目の最後に設けた「演習」は、これらの問題を自分に引き寄せて考えたり、これまでの自分をリフレクション（反省的思考）することで倫理的実践とは何かを具体的に考えることを目的としています。

　自分で考えたことや思ったことを言語化してみることで、自身の倫理的感受性について再認識することができます。また、倫理的問題の検討においては、自分の考えを言語化して他者に伝えることは、自身の価値観を再認識することにつながります。

　なお、提示した事例では、主要な登場人物については、ケアマネジャーや利用者といったカテゴリーではなく、一人ひとりが自身の人生を生きる生活者であることを意識するために、仮名を用いています。

　また、本章では、主任介護支援専門員は「主任ケアマネジャー」、介護支援専門員は「ケアマネジャー」と表記します。

2　個人的価値観と職業的価値観の対立から生じる問題

事例紹介

○青森さん（50歳・女性）：ケアマネジャー。
○福島さん（65歳・男性・要介護4）：利用者。妻と子ども2人（長女・次女）。

　福島さんは、現在、妻と次女の3人で生活していますが、その関係は青森さんからみて心配な状況でした。なぜなら、家族は、福島さんに対して、食事や身の回りに関する最小限のケアは行っているものの、それ以外は、福島さんが話しかけたり、頼みごとをしたりしても返事さえしないことがしばしばあったからです。
　そこで、青森さんが、今のような状況に至った事情について妻と次女に尋ねてみたところ、妻は「夫は、若い頃から酒を飲み、外には女性をつくって、私たち家族につらい思いをさせてきました。介護が必要な状況になったからといって、今さら、夫にやさしくすることはできないんです」と話してくれました。次女も同じ思いでいるようでした。福島さんの介護について心配していた青森さんでしたが、自分自身も過去に類似する個人的経験をしていたことから、事情を知った後は、家族の思いに共感し、福島さんに対して家族と同じように負（ネガティブ）の感情をもつようになりました。その結果、青森さんの福島さんに対する「きちんと支援したい」「家族との関係を調整したい」という気持ちは急速に薄らいでしまいました。客観的にみても、福島さんに対する青森さんのかかわりは表面的になっていましたが、青森さんはそうした自身の変化に気づいておらず、ケアマネジャーとしての役割が果たせていないという認識もありませんでした。

倫理的問題の分析

① 何が倫理的問題なのか

　青森さんは、個人的価値観と職業的価値観の対立を認識できなかったために、価値の調整ができず個人的価値観を優先しています。その結果、利用者の利益を第一とするケアマネジャーとしての役割と責任を果たすことができていません。

　青森さんはケアマネジャーに求められている職業的価値よりも、個人的経験に基づく価値を優先しています。その結果、利用者である福島さんは、尊厳あるかかわりや最善のサービスを受けることができず不利益を被っている可能性が高いといえるでしょう。

　ケアマネジャーの倫理規定である日本介護支援専門員協会の「介護支援専

門員　倫理綱領」（以下、「倫理綱領」とする）の条文1～4では、それぞれ個人の尊厳の保持と利用者の人権保護に基づく自立支援、利用者の権利擁護、専門職としての責任、利用者の利益を最優先する公正・中立な立場について規定しています。これらの観点から本事例における青森さんのケアマネジャーとしての行動は、職業倫理の規範から逸脱しているといえるでしょう。

② なぜ、このような問題が起こるのか

　青森さんには、生活者として培ってきた個人的価値観、ケアマネジャーに求められる行動規範としての職業的価値観、所属している組織の理念、方針等に沿った行動が求められる組織的価値観の3つの価値観が存在し、仕事をしていくうえでは、それらの価値調整が必要となります。青森さんの場合、個人的価値観と職業的価値観の間に対立が生じています。福島さんを担当した当初の青森さんは、ケアマネジャーとして利用者の利益を第一に考え、家族との関係を観察し、関係改善に向けての調整の必要性を認識していました。しかし、福島さんに対する家族の心情を知った後は、自身の経験と重なったことで家族に共感するようになり、個人的価値観を優先する方向へとシフトしています。

　その結果、福島さんへのかかわりは表面的なものとなり、人間としての尊厳や権利を守り、最善の介護サービスを提供するというケアマネジャーとしての役割と責任を果たせなくなっています。

　本事例で問題を難しくしているのは、青森さんが、福島さんや家族に対する自身の価値観や感情の変化を意識できていないことです。もしも、青森さんが自身の価値観や感情の変化を意識することができていれば、価値の調整を行うことの必要性に気づくことができたでしょう。

③ 倫理的問題への対応

　倫理的問題の解決で重要となるのが価値の調整です。人は自分と他者の間

の価値観の相違はわかっても、自分自身のなかにある価値の対立には気づきにくいものです。

本事例で、青森さんが経験したような倫理的問題状況を生じさせないための対応策を考えてみましょう。

1）自分の個人的価値観を認識する

　自分は何を大切に思い、何に対して意味がないと考えるか、何を善とし、何を悪とするかといった価値に関連することを具体的に言語化して、意識しておく必要があります。また、自分の価値観に反する状況に遭遇したときに、自分が抱きやすい感情についても理解する必要があります。人は自身の価値観に基づいて選択していますが、それを意識することは案外少ないのです。青森さんのように、利用者に不利益を与えないためには、日頃から自分の価値観や感情を理解し、意識しておくことにより、職業上の価値観と対立した際、価値調整の必要性を認識することが可能になるでしょう。

2）倫理綱領等を理解しておく

　倫理綱領には、その職業が理想とする道徳的行為が述べられており、ケアマネジャーとして判断し、行動する際の指針となります。特に、「人間の尊厳」「人権」「QOL」「専門職」「責任・責務」といった重要な概念については、その意味を深く理解する必要があります。たとえば、「人間の尊厳」は、人間であるという1点においてすべての人に認められるものであり、ほかの条件を必要としない道徳的価値です。青森さんが、「人を人として大切に遇する」ことの意味を深く理解することができていたならば、福島さんの過去が自身の個人的価値観からは好ましいものではなかったとしても、職業倫理に照らして考えることで、福島さんの尊厳と権利を侵害してはならないという倫理的判断ができたでしょう。

3）同僚や関連職種で検討する

　人を対象とする職業では、青森さんと同じような倫理的問題に直面することがありますが、解決に向けた有効な対応策として他者との対話があります。職場の管理者や主任ケアマネジャーは、事例検討等を通して価値の調整

を試みるカンファレンスや研修会など、ケアマネジャーが自身の価値観や感情を意識できる機会を意図的に提供するようにしましょう。青森さんの場合であれば、利用者である福島さんや家族に対する思いや感情がどのように変化してきたのか、できるだけ正確に言語化することで自分の内面と向き合えるようになるでしょう。

演習　価値観を言語化してみよう

演習1

自分の個人的価値観について言語化してみましょう。
例：ギャンブルは周囲の人を不幸にする。

演習2

自分の価値観に反する状況に遭遇したとき、どんな感情を抱くか言語化してみましょう。
例：お酒を飲んで乱れている人を見ると嫌悪感を抱く……。

倫理的感受性を高めるキーワード

- 価値観の意識化
- 価値観の言語化
- 価値観の対立を調整する必要性

3 利用者の家族役割に対する偏見から生じた問題

 事例紹介

○山口さん：ケアマネジャー（6年目）で主任ケアマネジャー。基礎資格は介護福祉士（訪問介護）で10年の勤務経験。
○広島さん：ケアマネジャー（6年目）で主任ケアマネジャー。基礎資格は社会福祉士（知的障害児入所施設）で9年の勤務経験。
○岡山さん：ケアマネジャー（1年目）。基礎資格は看護師（病院勤務）で5年の勤務経験後、家庭に入り（出産、育児）12年。
○松江さん（62歳・女性）：岡山さんが担当する利用者。長男夫婦は隣の市に在住。

　ケアマネジャーである山口さん、広島さん、岡山さんの3人が勤務している居宅介護支援事業所では、事例検討会を定期的に行っており、今回は、岡山さんが担当する松江さんのケアプランについて検討することになりました。松江さんは、1週間前に肺炎で緊急入院しましたが、2週間程度の療養で自宅に退院できる予定です。岡山さんは、退院後の松江さんのケアプランを立案したものの、家族が協力的ではないことにいらだちを感じていました。松江さんが入院した際も、家族は病院に手続きに来なかったため、岡山さんは、病院職員から松江さんの入院に際し必要となる用品を準備するように言われました。看護師を基礎資格とする岡山さんは、患者の入院に必要な用品の準備や入院手続きを行うのは家族の役割であると考えていたため、松江さんの家族である長男夫婦がその役割を果たさなかったことを批判しました。岡山さんの話を聞いた同僚の山口さんは、別居している長男夫婦にも生活があり、何か事情が

あるかもしれないから、入院に必要な用品は日頃から準備しておくとよかったのではないかとアドバイスしました。また、広島さんは、松江さんと長男夫婦の間にはそれなりの事情があるだろうから、まずは情報を収集して、必要があれば関係を調整していくこともケアマネジャーの大切な役割ではないかと話しました。ケアマネジャーは、人間関係の調整を図ることも仕事の1つであると認識している山口さんと広島さんにとって、家族を一方的に批判する岡山さんの気持ちが理解できず、「何かおかしい」と感じていました。しかし、岡山さんは、自分の考えは間違っていないと思っており、それぞれが自分の思いを態度に出したため、事例検討会の雰囲気が悪くなり、具体的なケアプランの検討には至りませんでした。

倫理的問題の分析

① 何が倫理的問題なのか

　本事例は、利用者の家族の役割に対してケアマネジャーである岡山さんが自身の偏見に固執したことにより、利用者のケアプランについて具体的に検討することが困難な状況となりました。このまま岡山さんが家族に対して偏見をもったままケアプランを実施した場合、利用者が不利益を被る可能性があります。

　倫理綱領の条文3では、専門的知識と技術の向上が謳われていますが、後段には、「他の介護支援専門員やその他専門職と知識や経験の交流を行い、支援方法の改善と専門性の向上を図ります」とあります。定例の事例検討会もこうした支援方法の改善と専門性の向上を意図して行われています。したがって、岡山さんには、自身が提示した事例のケアプランに対して、山口さんと広島さんからアドバイスを受け、意見交換することでよりよい支援のあり方を考えることが期待されています。ケアマネジャーとして仕事に復帰して1年目の岡山さんにとって、ケアマネジャーとしてのキャリアも長く、主任ケアマネジャーの資格をもっている山口さんと広島さんから、アドバイスを受けることができる事例検討会は貴重な機会です。しかし、岡山さんは山口さんと広島さんの意見をアドバイスとして素直に受け入れることができず、自身の偏見にも気づいていません。また、山口さんと広島さんも、岡山さんの気持ちが変化できる働きかけをするまでには至っていませんでした。

② なぜ、このような問題が起こるのか

　今回の問題が起こった背景には、ケアマネジャーに就く前と就いた後の3人の各々のキャリア（基礎資格）が影響しており、それぞれが自分の考え方は間違っていないと考えていることがあります。ケアマネジャー6年目で主

任ケアマネジャーの資格をもつ山口さんには、介護福祉士として訪問介護の経験が10年あり、広島さんは、社会福祉士として9年経験した後に、ケアマネジャーとして6年目を迎えており、主任ケアマネジャーの資格もあります。一方、岡山さんは、5年間看護師として病院に勤務した経験がありますが、12年間の子育てを経て、現在ケアマネジャー1年目です。このように、ケアマネジャー受験時に3人が保有していた基礎資格は異なります。ケアマネジャーとしての経験は一番短い岡山さんですが、看護師免許を有し、医学的知識もあり、5年の臨床経験があるという点では、医療の観点から松江さんのケアプランを作成することはそれほど困難なことではないかもしれません。しかし、松江さんの家族に対して、岡山さんは、生活者としての立場に立った理解ができているとはいえないでしょう。患者の入院手続きは家族がすべきものという偏見には、岡山さんの個人的経験とともに、患者の入退院には家族が付き添うのは当然という看護師としての経験が影響していると考えられます。そのため、岡山さんの見解は「あるべき家族の姿」という規範から松江さんの家族は逸脱しているということになり、いらだったり批判的発言をしたりしたのでしょう。一方、山口さんと広島さんは、利用者と家族が抱える事情はそれぞれであり、それを理解したうえで人間関係を調整していくことが対人援助職であるケアマネジャーの役割であると考えています。岡山さんは自分の物差しで松江さんの家族を見ており、「相手の立場」から考えてみることができていません。本来であれば、岡山さんにとって本事例検討会は、山口さん、広島さんがもっている自分とは異なる視点についての助言に耳を傾け、ケアマネジャーとしてどうあるべきかを振り返ることのできるよい機会でした。山口さんと広島さんも、岡山さんに偏った見方をしていることに気づいてもらうための努力が必要でした。それが実現していれば、本事例検討会は、最善のケアを提供するよりよいケアプランを検討するための有効な時間となったことでしょう。

③ 倫理的問題への対応

　岡山さんが最も優先すべきことは、ケアマネジャーとして松江さんに最善のケアプランを作成し、実施することですが、実際は、家族に対する否定的な感情を優先しています。山口さんと広島さんの役割は、そのことを岡山さんに気づいてもらうための効果的なアプローチについて考えることです。最も重要なことは、岡山さんが自分を客観的に振り返ることができるように働きかけることです。たとえば、次のような質問をしてみるとよいかもしれません。

① あなたが「入退院の手続きは家族がしなければいけない」と考えるのはなぜですか？
② あなたが松江さんの家族に代わって手続きを行ったことで、家族にいらだつ感情をもつのはなぜですか？
③ ケアマネジャーの役割についてどのように考えていますか？
④ あなたの価値観はケアマネジャーに求められる職業的価値観と一致していますか？

　こうした質問に答えることで、岡山さんは自分のなかにある偏見や無意識的な行動を客観的に認識できるようになることが期待できます。
　このように、山口さんと広島さんには主任ケアマネジャーとして、ケアマネジメントが適切かつ円滑に提供されるために必要な助言・指導などをケアマネジャーに行うという役割があります。ケアマネジャーは、基礎資格、経験が異なる人々で成っています。主任ケアマネジャーには、ケアマネジャーが自身の弱みを自覚し、強みをさらに強化していけるよう、率直なコミュニケーションができる職場風土の醸成に向けて積極的にかかわっていく必要があります。

> **演習** 家族のとらえ方を振り返ってみよう

演習1

あなたが、家族として一番大切にしていることは何ですか？
例：困った時には助け合うこと。

演習2

自分のなかで考え方や価値観が変化したと思えることはありますか？
例：何でも早く終わることがよいと思っていたが、最近はゆっくりした
　　時間にも意味があると思えるようになった。

> **倫理的感受性を高めるキーワード**
>
> - 自分の価値、感情の意識化
> - 自分の考えや行動の振り返り（リフレクション）
> - 率直なコミュニケーション

4 配慮不足により、利用者の尊厳を傷つけた問題

 事例紹介

○秋田さん（42歳・男性）：主任ケアマネジャー。
○山形さん（70歳・女性）：利用者、一人暮らし、隣県に長女在住。

　山形さんは、60歳で定年退職するまで中学校で理科の教員をしていました。夫は3年前に他界し、現在は一人暮らしです。隣県に住んでいる長女は、月1回のペースで山形さんを訪ねてきますが、最近は、冷蔵庫に同じ食材がたくさん入っていたり、同じことを繰り返し聞かれるようになったことに気づき、「母は認知症なのでは？」と心配になりました。そこで、長女は地域包括支援センターに相談に行きました。長女から相談を受けた主任ケアマネジャーの秋田さんは、すぐに山形さん宅を訪問し、「もの忘れ外来」の受診を勧めました。

　しかし、山形さんは「私は認知症なんかじゃありません」と受診の必要性はないことを主張しました。そこで、秋田さんが「受診して何もないことがわかれば山形さんも安心でしょう」と勧めたところ、「認知症ではないことを医師に証明してもらうためなら行ってもいい」と、山形さんは「もの忘れ外来」を受診することに同意しました。

　受診日を予約した秋田さんは、その後、山形さんが外来受診する日まで連絡をとっていませんでした。準備されたタクシーに乗り1人で「もの忘れ外来」を受診した山形さんの診断は「初期のアルツハイマー型認知症」でした。医師から診断名を聞かされた山形さんは、認知症を否定するために受診したのに、認知症であるという医師からの説明に大きなショックを受け、食事も喉を通らなくなりました。

> 倫理的問題の分析

① 何が倫理的問題なのか

　本事例は、主任ケアマネジャーである秋田さんの配慮不足と関係者間における情報共有の不足によって、山形さんの尊厳を傷つけてしまう結果を招いたことが倫理的な問題であると考えられます。

　秋田さんが、認知症ではないかと思われる初期症状に気づいた長女から相談を受けた後、山形さん宅を訪問したところまでは、対応に問題はありません。しかし、山形さんに「もの忘れ外来」の受診を勧める際の説明と同意を

得るプロセス、さらに受診に伴う支援は適切とはいえません。まず、山形さんが「私は認知症なんかじゃありません」と受診を拒否したことに対して、秋田さんは「受診して何もないことがわかれば安心でしょう」と、認知症ではないことを前提としたような勧め方をしています。それに対して、受診を拒否していた山形さんは「認知症ではないことを医師に証明してもらうためなら」と気持ちが変化しています。山形さんに起きた気持ちの変化の背景には、「私は認知症ではない」から、「受診する必要はない」が受診することで「認知症ではないことの証明になる」ならば「受診してもよい」という判断につながったものと推察されます。

一方、山形さんに受診してもらうことをゴールにしていた秋田さんは、診断結果に対する配慮ができていませんでした。山形さんの長女による報告内容からは、認知症と診断される可能性が高いと考えられます。したがって「受診して何もないことがわかれば安心でしょう」という説明で山形さんを説得して終わるのではなく、期待する結果と異なる場合についての対応について検討しておく必要がありました。

② なぜ、このような問題が起こるのか

本事例のような問題が起こる背景には、秋田さんが主任ケアマネジャーとして、状況を適切に把握することなく、家族からの依頼に機械的な対応でかかわったことが考えられます。秋田さんは、山形さんが受診することに同意したとしても、そこに至る思考プロセスを考えれば、期待する結果と異なる認知症の診断がついた場合、大きなショックを受けることは容易に予測できるでしょう。したがって、秋田さんは、山形さんの個別性を踏まえたうえで、家族や医師等と情報を共有し、受診の際のBad news（p.123のcolumn参照）の伝え方や支援のあり方について事前に調整しておく必要がありました。このことは、倫理綱領の条文8の説明責任や条文10の他の専門職との連携の遵守とともに、ケアマネジャーとして「相手の立場」から考えるという視点があれば防ぐことができたでしょう。

③ 倫理的問題への対応

本事例において、山形さんの尊厳を傷つけることのないよう支援するために、秋田さんにはどのような配慮と調整が必要であったのかを考えてみましょう。

1) 情報共有と誠意をもったかかわり

まずは、長女との情報共有です。長女は最近気づいた山形さんの変化を、直接本人に伝えているか否かを確認し、伝えていたとすれば、どのような伝え方をしたのか、それに対して、山形さんはどのような反応をしたのかの情報を収集します。山形さん自身、もしかしたら「何かおかしい」「これからどうなるのか」といった不安を感じていたかもしれないのです。山形さんは定年まで理科の教員をしていたことから、物事を論理的に思考する傾向があると考えられますが、説明の仕方で配慮すること、受診日の付き添いの有無について等、長女と話し合う必要がありました。そのうえで秋田さんは、山形さんに対し、誠意をもって認知症と診断された場合と否定された場合の両方を想定した説明の仕方を工夫するとともに、電話等で受診に対する不安を尋ねるなどの支援の必要がありました。

2) Bad news の伝え方と支援

認知症と診断される可能性がある場合、Bad news をどのように伝え、その後どのように支援するかということも含め、医師や長女と話し合い、医師と連携しておく必要がありました。そうすれば、山形さんが1人でショックを受けることは避けられたと考えられます。

主任ケアマネジャーである秋田さんには、山形さんと家族の立場から「もの忘れ外来」を受診することの意味を考え、機械的な対応ではなく、誠意をもってかかわることが求められています。なぜなら、受診することはゴールではないからです。利用者が望まない、知りたくないという思いのなかで無理に受診し、Bad news を伝えられても、1人では受け止めきれず、ショックによる絶望や孤独を感じ尊厳が深く傷ついてしまうことになります。

> **演習** 自分のこととして考えてみる

演習1

あなたが「認知症かもしれない」と人に受診を勧められたらどう思いますか？

例：そんなはずはない、と否定し、相手に怒りを覚える。

演習2

高齢の母親が一人暮らしをしていたら、どんなことを心配しますか？

例：事故が起こっていないか、寂しい思いをしていないか心配だ。

倫理的感受性を高めるキーワード

- 相手の立場から考える
- 誠意をもってかかわる
- Bad newsの伝え方に配慮する

column Bad newsをいかに伝えるか

　医療技術が進歩し、新しい治療が開発されているとはいえ、現在も多くの人が「がん」や「認知症」といったBad newsを伝えられることへの恐れをもっています。「認知症」の場合は、「自分らしくいられなくなる」「異常な言動で家族や周囲に迷惑をかける」など、利用者に大きなストレスとなることから、認めたがらないのはやむを得ないことであり、そうした利用者の気持ちに「共感」することが求められます。治療が難しい現状にあって、認知症の早期発見は、利用者の立場から考えると「早期絶望」につながるとも考えられます。

　そこで、重要となるのがBad newsの伝え方です。自分が「認知症」であることを受け止めきれない利用者に対しては、相手の気持ちに寄り添い、医療者自身が「私もお伝えするのがつらいのですが……」といったように、決して機械的ではなく、自分の大切な人に語るつもりで、伝えることを心がけることが大切です。

　事例に登場した秋田さんの場合、まずは、山形さんと家族の思いを把握したうえで受診に付き添い、「代弁者」として医療者に伝える役割をとることが必要です。次に、診断名が伝えられた後は、山形さんと家族への心理的支援が求められます。特に、心理的支援については、利用者に対して「あなたが大切」「あなたの味方」であることを誠意をもって伝えることが大切です。そのうえで、利用者が困っていること、認知症であることを受け入れられない理由などについて、少しずつ話してもらえる関係を構築し、医療者に代弁していくことが必要です。

5 利用者の安全と守秘義務の対立から生じる問題

事例紹介

○千葉さん（55歳・女性）：ケアマネジャー、息子2人。
○宮城さん（71歳・女性）：利用者、45歳の長男と同居している。

　千葉さんは、担当している利用者である宮城さんが、長男から理由もなく罵倒され、身体には直接当たってはいないものの、いろいろな物を投げられている現場に何度か遭遇しました。千葉さんは、このまま放置していると、宮城さんに重大な危険が及ぶのではないかと考え、すぐに地域包括支援センターに報告して支援を求めるよう本人に勧めました。しかし、宮城さんからは「私の育て方が悪かったからあの子はこうなったんです。悪いのは私なんです。家のなかのことですから、どうかお願いですからほかの人には言わないでください」という言葉が返ってきました。

　千葉さんは、高齢者虐待の防止、高齢者の養護者に対する支援等に関する法律（以下、「高齢者虐待防止法」という）に関する研修を受講しており、虐待を発見した際の通報義務について熟知していました。そのため、宮城さんから「ほかの人には言わないで」と頼まれた後も、根気よく説得を続けましたが、気持ちを変えることはできませんでした。

　次第に、母親に暴言、暴力を振るう息子をかたくなに守り、自分自身を責める宮城さんを見ているうちに、千葉さんのなかで迷いが生じてきました。宮城さんの安全を最優先してすぐに通報すべきか、本人の望みを優先し、職務上知り得た情報として通報しないという選択もあるのではないかと考えるようになったのです。倫理的ジレンマのなかで、千葉さんは、同じ子をもつ親の気持ちもわかり、結果的に地域包括支援セン

ターや所属する事業所の管理者にも報告せず、しばらく様子をみることを選択しました。しかし、数日後、千葉さんのもとに、宮城さんが長男に殴られてけがをし、救急車で病院に運ばれ入院したという連絡が入りました。

倫理的問題の分析

① 何が倫理的問題なのか

本事例では、息子の暴言、暴力は宮城さんの生命を脅かすほどの緊急性があるものなのか、「ほかの人には言わないでほしい」という宮城さんの同意なしに、通報または事業所に報告することに正当性があるのかということに

ついて千葉さんは悩みました。様子をみることを選択したことで、結果的に宮城さんはけがをして入院する事態となり、千葉さんの判断に関する合理性と妥当性が問われることとなりました。

　本事例は法律（法の遵守）と利用者の思いの間で対立が生じています。その結果、千葉さんは、倫理的ジレンマのなかで、子どもを守りたいと思う母親としての思いを優先するほうが宮城さんの利益を守ることになるのではないかと考え、様子をみるという選択をし、通報しなかっただけでなく、事業所の管理者にも報告しませんでした。

　倫理綱領の条文2には、ケアマネジャーは「常に最善の方法を用いて、利用者の利益と権利を擁護していきます」とあります。子どもが母親に暴言を吐いたり、物を投げつけたりする行為は、心身ともに宮城さんを傷つけることになりますので、安全を確保する（高齢者虐待防止法第2条第4項）意味で通報するという選択肢があります。倫理綱領の条文7ではケアマネジャーは、「介護保険法及び関係諸法令・通知を遵守します」と法令遵守が規定されています。

　一方で、千葉さんには、ケアマネジャーとして宮城さんの家のなかに入ったことで、息子が母親に暴言、暴力を振るうという行為を知ることとなり、これは職務上知り得た情報であり、本人の同意なしに通報することは守秘義務に反するのではないかという思いがあります。倫理綱領の条文6には秘密保持に関する規定があり、ケアマネジャーは、「正当な理由なしに、その業務に関し知り得た利用者や関係者の秘密を漏らさぬことを厳守します」とあります。しかし、高齢者虐待防止法に基づく通報の場合には、仮に誤認であったとしても何ら非難されることはなく、通報をもって守秘義務違反とされることもありません。

② なぜ、このような問題が起こるのか

　高齢者虐待防止法第7条第1項では、虐待を受けたと思われる高齢者に、

生命または身体に重大な危険が生じている場合には、通報義務が、同条第2項では、生命または身体に重大な危険が生じていない場合には、通報する義務はないが、通報する努力義務が定められています。

千葉さんには、外部に情報を提供する（通報、事業所への報告）、情報を提供しない2つの選択肢がありましたが、宮城さんが受けている虐待の状況については、まだ生命または身体に重大な危険が生じているというほどの危機感をもっていなかったがゆえに、知らせたくないという本人の意思を尊重した選択をし、様子をみていたものと思われます。

③ 倫理的問題への対応

ケアマネジャーには、状況判断に迷った際、関連する法令、倫理綱領、契約関係等をもとに合理的に判断することが求められます。千葉さんには、宮城さんに対する息子の暴言、暴力がエスカレートする可能性があることを予見し、それを回避する責任があります。

本事例の場合、千葉さんにとっては、情報を提供する、しないのどちらを選択したとしても「これでよかったのか」という思いは残ったと考えますが、ケアマネジャーが最優先すべきは利用者の安全です。そもそも、千葉さんと宮城さんの契約関係の主体は、ケアマネジャーと利用者ではなく、事業所と利用者ですから、本人の安全を脅かす危険性があることについては、少なくとも事業所の管理者に報告する義務があるといえるでしょう。報告、相談することで、千葉さんは少なくとも1人で悩むことからは解放され、場合によっては周囲の助言を得て、ジレンマの解決法を見いだすことができたかもしれません。

また、事業所内でもこうした状況に遭遇した際の対応についてあらかじめ取り決めておき、職員間で共通認識をもっておけば、こうした問題は起きなかったものと思われます。

| 演習 | **ジレンマや職務上の失敗を振り返ってみよう** |

演習1

職務上でジレンマを感じたことはありますか？

例：利用者にとても頼られ、その期待には応えたいが、生活のどこまでかかわるべきか悩ましい。

演習2

ケアマネジャーとして選択した結果が望ましくない状況になったことはありますか？

例：自立したいという利用者の希望に沿うケアプランを選択したが、医学的知識が未熟だったために適切なアセスメントができず、利用者に害を与えてしまった。

倫理的感受性を高めるキーワード

- 法律と利用者の思いが対立したときに生じるジレンマ
- 利用者の安全が最優先されるのはどんな場合か
- 選択困難な状況に関する事業所内の対応ルール

参考：高齢者虐待防止法、介護保険法、個人情報の保護に関する法律（個人情報保護法）、居宅サービス事業者等の指定基準等に関する条例等。

6 利用者より家族の意向が優先されることに関する問題

 事例紹介

○足立さん（55歳・女性）：ケアマネジャー。
○荒川さん（83歳・男性・要介護2）：利用者、次男が近隣に在住。

　荒川さんは、下肢にしびれと痛みがあります。老人性難聴があり、耳元で大きな声で話さなければ聞こえませんが、認知機能に問題はありません。荒川さんは、1年前に妻が亡くなってから、自宅で一人暮らしをしていますが、飼っている猫を大変可愛がっています。あるとき、足立さんは、「この家には、40年以上妻と一緒に生活してきて思い出がいっぱいありますが、今はこの猫に慰められています」と荒川さんから聞きました。しかし、荒川さんは、次第に自分の身体を思うように動かせなくなり、今では猫の抜け毛の処理やトイレの始末なども思うようにできず、部屋の清潔は保てなくなっています。現在は、市内に住んでいる次男が週に1回程度、荒川さんを訪ねてきており、足立さんの面接にも同席しています。次男は、今年、銀行を定年退職したばかりで、性格は几帳面で物事を計画的に進めるタイプでした。次男の訪問が増えてからの荒川さんは、「息子に迷惑をかけてすまない」という言葉を繰り返し、本音を言わなくなりました。

　ある日、足立さんは、次男から荒川さんの状況を考えるとこのまま自宅で生活を続けるのは難しいと思うので、有料老人ホームを探してほしいと依頼されました。足立さんは、次男が父親を心配する気持ちを察し、有料老人ホームの情報を収集することにしました。

倫理的問題の分析

① 何が倫理的問題なのか

　足立さんが、荒川さんの妻や猫との思い出が詰まっている自宅に対する思いを知りながら、有料老人ホームへの入居を検討している次男の意向を優先し、荒川さんの意向を確認しないまま、情報収集を始めていることは倫理的に問題です。

　1人で生活するのが困難になっていることは確かですが、自宅での生活を継続するためにできること、考えられることはないのか、荒川さんにとって最善の方法とは何かについて、関係者間で検討できておらず、次男の意向が最終決定であるかのように事が進んでいることは問題です。

② なぜ、このような問題が起こるのか

　足立さんが荒川さんの残された人生のQOLよりも、コミュニケーションがとりやすい家族の考えや意向を優先していることに原因があるといえるでしょう。通常、利用者と家族の意向が異なる際には、ケアマネジャーにジレンマが生じますが、足立さんの場合はそうしたジレンマもなくストレートに家族の意向を優先しているため、より根深い問題だといえます。足立さんは、父親のことを考えて先の計画を提案している次男の選択が正しいと考えており、子どもに遠慮している荒川さんの気持ちを慮ることができていません。足立さんのなかにも、次男が利用者に感じている自宅における生活を継続する困難感と同様の感情をもっており、無意識の内に次男の選択は正しいと結論づけたのかもしれません。しかし、ケアマネジャーとしては、施設に入所することを荒川さんが望んでいるのか、率直な思いを知り、最善の方法を模索する必要があります。

③ 倫理的問題への対応

　荒川さんが自宅で生活を続けることが困難な状況になりつつあることについては、次男も足立さんも共通理解しており、そのこと自体は悪いことではありません。しかし、荒川さん自身が人生の残された時間をどこでどのように過ごしたいのか、それを実現するうえでの障害となることは何か、どこまで支援できてどこからが限界なのかといったことを、納得いくまで検討することなく、本人不在で今後のことを決定していくことは荒川さんの権利擁護を放棄する行為といえます（倫理綱領の条文2では、「常に最善の方法を用いて、利用者の利益と権利を擁護していきます」と謳っています）。足立さんには、ケアマネジャーとして、仮に最終的な結論は同じだとしても、そこに至るプロセスにおいては、荒川さんの意向を丁寧に確認し、家族の意向と対立する場合は、家族の思いに共感するとともに、荒川さんの意向を最大限尊重する役割があります。その際、最終決定を導くために必要な情報とそれぞれの選択におけるメリット・デメリットを明らかにしましょう。

　足立さんには、「息子に迷惑をかけてすまない」と思っていることから、直接親子で話し合いをしても本音を言えない可能性がある荒川さんに対して、自分の思いを表現できるような配慮が求められています。

　人は、死ぬ瞬間まで人として大切に扱われたい、自分の意思で決定したいという思いをもっています。そうした利用者の思いに寄り添うことこそ、対人援助職であるケアマネジャーが担うべき役割ではないでしょうか。ケアマネジャーは、常に自分の判断と行動の選択が、利用者の利益と権利を守っているのかどうかという観点からリフレクション（内省）することを心がけましょう。

> **演習** 価値を調整した経験を振り返ってみよう

演習1

利用者と家族の意向が異なる際、価値を調整できた経験はありますか?
例:デイサービスに行きたくない利用者と行ってほしい家族の間に立って、家族の思いを利用者に受け入れてもらって、デイサービスの利用につなげた。

演習2

利用者と家族の意向が異なる際、価値の調整を試みたもののうまくいかなかった経験はありますか?
例:同居を望む家族と一人暮らしを希望する利用者の間で、どうしても調整がつけられなかった。

倫理的感受性を高めるキーワード

- 利用者と家族の価値の調整
- 家族の意見のみ聞くことの不公平

まとめの演習

演習 1

- 利用者と家族の意向が異なるとき
  ケアマネジャーは誰に対して、第一義的責任を負うのか、話し合ってみよう。

演習 2

- 価値観の対立
  さまざまな価値の対立とそれが生じる背景について経験をもとに話し合ってみよう。

演習 3

- 相手の立場から考えるとは
  自分の立場、価値観をいったんおいて、相手の世界に自己を投入するとはどのようなことか具体的な例を出して話し合ってみよう。

Ⅱ ケアマネジャーの専門職意識にかかわる倫理的問題

1 専門職意識の希薄さに関する問題

事例紹介

○福岡さん（31歳・女性）：ケアマネジャー。
○宮崎さん（70歳・男性・要介護3）：利用者、50代の長男夫婦と同居。

　宮崎さんは、3か月前、脳梗塞で入院加療中に転倒し骨折しました。その後、リハビリテーション専門の病院に転院し、ようやく2週間前に自宅に退院できるまでに回復しました。退院後の宮崎さんは、やっと自宅に帰ることができたことで「ホッとした」と言いながらも、これからは「家族に迷惑をかけないように、できるだけ自分のことは自分でしたい」と福岡さんに話していました。福岡さんは、病院の相談員や医療者から、自宅でも宮崎さんの筋力が低下しないようリハビリテーションを継続するよう申し送りを受けていました。宮崎さんもリハビリテーション意欲が高いことから、できるだけ自分で動いて日常生活を送れるように住環境整備に向けたケアプランを作成することにしました。しかし、その計画を同居している長男夫婦に話したところ、「頼むから年寄りにはじっとしていてもらいたい。ケアマネさんの言うとおりにして、それでヘルパーさんが本人を無理やり動かして転んで、また骨でも折ったらどうしてくれるんだ」と言われました。福岡さんは、ケアマネジャーとして、宮崎さんのADLを高めたいという思いもありますが、一方で転

倒リスクが低い生活をしてもらいたいという家族の希望も理解できるためケアプランの見直しが必要ではないかと考えていました。

倫理的問題の分析

① 何が倫理的問題なのか

　本事例では、自宅における脳卒中後のリハビリテーションに対し、利用者である宮崎さんとその家族の意向が異なった際、福岡さんは、どちらの意向を優先したケアプランを作成すべきなのかという倫理的ジレンマに直面していますが、そこにケアマネジャーとしての専門性は発揮されているのかという問題があります。

　ケアマネジャーである福岡さんが作成するケアプランは、宮崎さんの個別性に最大限配慮し、その人が望む生活ができるよう支援するためのものであり、専門的知識をもって効率的かつ効果的なサービスを提供する必要があります。しかし、ここで問題となるのは宮崎さんのように自宅で家族と生活する場合、本人の意向だけでなく家族の意向も尊重する必要が生じます。本人と家族の意向が一致している場合はよいですが、意向が異なる場合、ケアプランの再検討や関係の調整が必要となります。

② なぜ、このような問題が起こるのか

　福岡さんの役割は、現在の宮崎さんの状況を適切に把握したうえで、本人が望む生活様式に近づけることにあります。その際、重要なことは、宮崎さんと家族の現在の状況に対する理解とリハビリテーションの必要性に関する認識について把握し、どこからどのように取り組むべきかという解決に向けた問題を明確化するための情報収集です。ケアマネジャーが専門職として適切な情報収集と判断ができれば、家族からの意見や要望に対してもその真意を理解し、ケアプランを変更することなくほかの解決策を選択するでしょう。「年寄りにはじっとしていてもらいたい」という家族の要望は、宮崎さんのADL低下とやる気の消失を招くことになります。家族は宮崎さんが積

極的にリハビリテーションに取り組むことで、転倒したり骨折したりすることを心配していますが、転倒リスクが低い生活＝じっとしていることではないはずです。動かなければ、宮崎さんのADLは低下し、むしろ転倒リスクを高めることにつながります。ケアマネジャーが最優先して考えるべきことは、利用者本人の利益や権利であり、自立支援を図ることです。また、そのために常に専門的知識と技術の向上が求められるのです（倫理綱領の条文3）。

③ 倫理的問題への対応

本事例では、宮崎さんと家族の双方から意見を聞いたうえで、自分で判断し、どのようなケアプランを提供すれば宮崎さんのQOLを高める支援となるのかを考えることが求められています。

ケアマネジャーである福岡さんが為すべきことは、家族の要望を受け入れて、ケアプランを再検討することではありません。しかし、家族がそのような要望をする真意を知り、理解を示すことは重要です。そのうえで、宮崎さんがリハビリテーションを継続できるよう、安全な環境を整える必要性について、丁寧かつ根気強く説明します。それが専門職としてのケアマネジャーの責務です。そのためには、まず、自宅で生活する宮崎さんが現に抱えている生活上の問題と可能な限り自立した生活ができるための課題を明確にします。次に、その内容について、宮崎さんと家族の理解が得られるよう説明します。特に、リハビリテーションに反対している家族に対しては、リハビリテーションの必要性および実施の際のホームヘルパーとの連携も含めた安全確保についても、具体的にイメージできるよう説明することが重要です。

倫理綱領の条文8で、説明責任について規定しているように、ケアマネジャーは、自己の作成したケアプラン（介護支援計画）に基づいて提供された保健・医療・福祉のサービスについて、利用者と家族に対して適切な方法・わかりやすい表現を用いて、説明する責任があることを認識すべきです。

> **演習** 専門性について振り返ろう

演習1

利用者の質問に対して、適切な説明ができなかった経験はありますか？
例：利用者の生活行動に関する制限の必要性を説明する必要があったが、医師から説明を聞いていたものの、自分でもよく理解できておらず、あやふやな情報を提供したために不安を与えてしまった。

演習2

今なら演習1でできなかった説明をできますか？
例：利用者は心臓のポンプ機能が低下しており、階段昇降や重い物を持っての移動などは、心臓に負荷がかかるため生活行動範囲を1階だけとし、できるだけ物は持たずに移動する。

倫理的感受性を高めるキーワード

- 適切でわかりやすい表現で説明する責任
- 専門的知識と技術の向上
- 問題の本質を見極める

2 個人情報紛失による情報漏洩の危険性に関する問題

事例紹介

○長崎さん（45歳・女性）：主任ケアマネジャー。
○大分さん（73歳・女性）：利用者。

　主任ケアマネジャーの長崎さんは、ケアマネジャーになって16年目になります。長崎さんは、スケジュールの管理にも長けており、1日に複数の利用者宅を訪問し、ミスも少なくケアマネジャーの役割モデル的存在として周囲からも信頼されていました。

　ある日、長崎さんは、18時から開始されるケアマネジャーの研修を受講する前に、利用者である大分さん宅を訪問することになっていました。長崎さんが大分さん宅での仕事を終えたのは、事業所に戻ると研修に遅れる時間になっていました。通常であれば、利用者宅を訪問した後、いったん事業所に立ち寄るのですが、この日は直接研修会場に向かうことにしました。また、研修が終了した時間も遅かったため、そのまま帰宅することにしたので、長崎さんは、大分さん宅を訪問後、事業所には戻りませんでした。

　自宅に帰り一休みした長崎さんは、翌日の仕事の準備をするためにカバンを開けた際、その日、大分さん宅で預かった書類一式が紛失していることに気づきました。紛失した書類には、大分さんの介護保険被保険者証、署名押印済みのケアプランや利用票等の重要書類が含まれていました。長崎さんは、どこで紛失したのか思いあたりませんでしたが、すぐに事業所の責任者に連絡を入れました。

倫理的問題の分析

① 何が倫理的問題なのか

　利用者の個人情報を保護し、守秘義務を守ることは、個人情報の保護に関する法律（以下、「個人情報保護法」という）や倫理綱領の秘密保持として規定されているように、きわめて重要なことです。

　本事例における問題は、長崎さんが、利用者である大分さんの個人情報を適正に取り扱わなかったことで書類を紛失し、その結果、大分さんの個人情報が漏洩し、第三者に悪用されるリスクを招いたことです。

　個人情報保護法は、2005（平成17）年4月から全面施行されており、個人の権利と利益を保護する目的で制定されました。本法における、個人情報とは、生存する個人に関する情報であって、氏名、生年月日等により特定の個人を識別することができるもの、個人識別符号が含まれるもの（第2条第1項第1号）であり、氏名と関連づけられているすべての情報です。介護の現場で使用している利用者の基本情報、ケアプラン、ケース記録、アセスメントシート、リハビリテーション評価表等、記録等のほぼすべてに個人情報が含まれていることが介護サービス事業の特徴といえるでしょう。介護サービスでは、利用者本人だけでなく、その家族や従業者数も個人データの対象として取り扱われます。

　また、改正個人情報保護法が2017（平成29）年5月より全面施行されたことにより、取り扱う個人データの数が過去6か月に一度も5000件を超えたことがない小規模事業者も個人情報取扱事業者としての義務等を負うことになりました。したがって情報はこれまで以上に慎重に取り扱う必要があります。また、介護事業者は、事業規模の大小にかかわらず、きわめて詳細でデリケートな個人情報を知り得る立場にあるため、情報の適正な取り扱いが強く求められます。

厚生労働省から、ガイダンスが公表されていますので、その内容をよく理解しておく必要があります（「医療・介護関係事業者における個人情報の適切な取扱いのためのガイダンス」（平成29年４月14日通知、平成29年５月30日適用、厚生労働省）（巻末資料（p.258）参照））。

　また、倫理綱領の条文６の秘密保持では、「私たち介護支援専門員は、正当な理由なしに、その業務に関し知り得た利用者や関係者の秘密を漏らさぬことを厳守します」と規定しており、ケアマネジャーは、個人情報の扱いに対してとても敏感であることが求められています。

② なぜ、このような問題が起こるのか

　個人情報の漏洩とは、個人情報に該当する情報をもつ者の意図に反して第三者に個人情報がわたることです。したがって、個人情報が第三者にわたることを防ぐためには、盗難や紛失のリスクが高い個人情報を含む書類等の取り扱いに関しては、外部への持ち出しを最小限にとどめ、持ち出す場合は細心の注意を払わなければなりません。

　それでも事故が起こっている現状があり、そのなかには、自然災害などの避けがたい状況もありますが、多くは人間の注意不足から生じるケアレスミスによるものです。本事例の場合、ケアマネジャーの役割モデル的存在である長崎さんの「慣れ」による注意不足によって書類が紛失したと考えられます。職務上のミスは、新人だけでなく、業務内容を熟知し、十分な判断力がある経験豊富なケアマネジャーも起こす危険性があります。複数の個人情報が含まれている「重要書類を適正に取り扱い、安全を確保すること」よりも「研修時間に間に合うこと」が意識のうえで優先されてしまったことが、このミスの原因といえます。時間的な余裕がなかったにせよ、「事業所には明日提出すればよいだろう」という、緊張感の欠如と慣れによる油断が今回のような事故を招いた可能性が高いのです。

③ 倫理的問題への対応

　個人情報の紛失および漏洩の可能性は、事業所にとって信用の失墜につながるきわめて重大な問題です。ゆえに、組織としての危機管理とともに、事故が発生した際の迅速かつ誠実な対応が求められます。

　今回、長崎さんの不適切な個人情報管理により、書類を紛失してしまいました。長崎さんのように、キャリアがある人であっても過失はあります。というより、人は「誰でも、どんな仕事でも」間違いを起こし得るものです。ゆえに、間違いを起こすことを防止するあるいは被害を最小限にすることが重要となりますが、そのためには以下にあげたような対策が考えられます。

- 利用者の安全を守ること（個人情報保護も含む）を判断する際の最優先課題とします。
- 従業員全員、最優先課題を守ることに責任をもちます。
- ミスが起こったら、なぜ起こったのかを分析し、対策を立て全員で共有します。
- 個人情報の取り扱いのマニュアルを作成し、必要に応じて改善していきます。
- ミスを報告することを奨励し、学習の機会として活用する文化を醸成します。

　今回、長崎さんは、書類の紛失に気づいた時点ですぐに事業所の責任者に報告するという適切な対応をとっています。その後は、紛失した情報の種類と数を確認し、関連する機関（研修会場、交通機関、必要があれば警察）に連絡します。また、利用者である大分さんに対して、速やかに謝罪するとともに、紛失した書類と時間およびそのことに気づいた時間等について正確に説明し、犯罪に巻き込まれることのないよう注意喚起を促す等の対策が必要です。

　次に事業所の責任者は、被害内容や事故につながった原因を分析したうえで、前述したガイダンスを踏まえ、同様の事故が再発しないように対応策を

決定します。

　定期的な継続教育を通して、法律やガイダンスの内容を確認し、全職員に周知徹底するとともに、想定外の状況で問題が生じた場合の対応についても共通理解をしておくことが重要です。

演習　個人情報の取り扱いについて言語化してみよう

演習1

個人情報を紛失した経験、あるいは紛失したかもしれないと思える「ヒヤリ・ハッと」した経験はありますか？

例：複数の利用者宅を訪問した際、利用者Aさんの個人情報が入った書類を利用者Bさんの家に忘れたことがある。

演習2

個人情報の紛失、盗難の予防について常日頃守っていること、心がけていることはありますか？

例：個人情報が入った書類を持って移動しなければいけないときは、途中でカバンから出さない。移動の前後で確認する。

倫理的感受性を高めるキーワード

- 優先すべき行動の決定
- 書類確認の徹底
- 事故後の迅速かつ誠実な対応

3 コミュニケーション能力の不足から生じた問題

事例紹介

○熊本さん（29歳・女性）：ケアマネジャー（2年目）。
○香川さん（70歳・男性）：利用者、初めての介護サービス利用。妻と2人暮らし。

　熊本さんは、ケアマネジャーになって2年目に入り、仕事に慣れてきたと思えるようになった頃、新規利用者である香川さんの担当を任されました。熊本さんは、早速、香川さん宅を訪問し、介護保険制度の説明を簡単に行い、すぐに初回アセスメントのための面接を開始しました。しばらくすると、香川さんと妻の表情が少しずつ硬くなっていきました。熊本さんはそのことに何となく気づいていましたが、初めてのケアマネジャーとの面接で緊張しているのだろうと思い、そのまま面接を継続しました。すると、妻は立腹した様子で「なぜ、こんなに人の家のことを根ほり葉ほり細かいことまで聞くのですか。介護のサービスを受けたいだけなのに本当に失礼ですね」と熊本さんに言いました。

　熊本さんとしては、最大限努力して迅速に自宅を訪問し、ケアマネジャーとして必要なアセスメントのための面接をしているだけなのに、なぜ妻が立腹しているのか理解できませんでした。そこで、熊本さんは、「質問項目は、国によって定められています。介護保険のサービスをご利用になる場合には、皆さんにご協力いただいています。お話になりたくないこともあるかもしれませんが、どうぞご理解いただきますようお願いいたします」と説明しました。その説明を聞いた妻は、質問内容は国が定めた項目だということはわかったものの、なぜその項目が必要なのかという根拠については理解できず釈然としませんでした。しか

し、妻は、熊本さんにその説明を求めても納得する回答は得られないと思いました。香川さんと妻は、釈然としない気持ちのまま面接を受けましたが、熊本さんを信頼する気持ちにはなれず表面的に対応しました。

その後、実際に香川さんが介護サービスを利用する段階になると、熊本さんは各事業所への情報提供として、「香川さんは、特に問題はないですが、家族がちょっとクレーマーっぽい人で、今ひとつ協力が得にくい人ですから、対応に気をつけてください」と伝えました。

倫理的問題の分析

① 何が倫理的問題なのか

熊本さんの初回面接は、自分のペースで説明し、かつ観察したことも自分

の都合のよいように解釈し、初めての面接でプライバシーにかかわる質問を受け困惑している香川さんと妻の心情を慮ることができませんでした。その結果、香川さんや妻との信頼関係を築くことができませんでした。しかし、熊本さんは、そうした自身のかかわりを振り返る（リフレクション）ことができず、自分を正当化し、独断と偏見に基づく誤った情報をサービス事業所に提供しました。

　熊本さんは、ケアマネジャー2年目ですが、基礎資格における経験もあり、年齢も29歳ですから基本的なコミュニケーション力は身につけていてもよいと思います。しかし、実際は、ケアマネジャーとしての観察力とアセスメント力が不足していました。適切なケアマネジメントを行ううえでの基本は、相手の思いに共感し、信頼関係を築くことであり、そのためのコミュニケーション力は不可欠です。特に、表情や姿勢といった非言語的メッセージには、相手の感情が反映されますので、そのことを熊本さんが理解し、確認していたなら、香川さんと妻の思いに気づくことができたでしょう。コミュニケーションについて自信がないという人は、第4章で学習しましょう。

　また、倫理綱領の条文8では、説明責任について、ケアマネジャーは、「専門職として、介護保険制度の動向及び自己の作成した介護支援計画に基づいて提供された保健・医療・福祉のサービスについて、利用者に適切な方法・わかりやすい表現を用いて、説明する責任を負います」と規定されています。熊本さんにとっては、日々の業務として繰り返し説明し理解している内容であっても、利用者にとっては初めての経験であり、丁寧でわかりやすい説明をする配慮が必要でした。

② なぜ、このような問題が起こるのか

　熊本さんは、ケアマネジャーとして香川さん宅を訪問し、手続きに則って質問しているのだから、自分は悪くないと考えているようです。

　しかし、立場を変えてみてみると熊本さんには反省すべきことがありま

す。それは、「相手の立場」から考えるという視点であり、相手が自分の説明に納得しているのかどうか、という意識です。コミュニケーションは、お互いのメッセージを正確に理解して初めて成立する双方向性のものです。また、面接は、英語でinterviewですが、これは、inter-viewすなわち、お互いに相手を見て理解するということであり、どちらかの一方通行ではないのです。この例は極端かもしれませんが、人は多かれ少なかれ、相手の立場に配慮しきれない発言をしてしまいがちです。双方向を意識したコミュニケーションが成立しているのか自分を振り返ってみる必要があります。

　本事例で、熊本さんは、面接の途中で香川さんと妻の表情が硬くなったことに気づきながらも、自分の都合のよい解釈をして面接を継続しています。香川さんと妻が不信感をもった原因が自分自身であることに気づいていない点などは、今後も同じコミュニケーションを繰り返す可能性があり、ケアマネジャーとして問題です。

　次に、個人情報を提供する根拠を尋ねられても適切な説明ができていないことから、香川さんと妻を失望させています。質問項目は国が定めたものであったとしても、ケアマネジャーとして質問する際は、なぜその情報を知る必要があるのかを相手がわかるように説明する責任があります。初めて介護サービスの提供を受ける人が、サービスに直結しない情報の提供を強いられることには抵抗を覚えるということは誰にでも容易に想像できることです。そうした想像力の欠如も熊本さんのコミュニケーション力不足の要因になっています。

③ 倫理的問題への対応

　では、熊本さんはどうすればよいのでしょうか。まずは、ケアマネジャーという仕事を通して、人が人にかかわるとはどういうことなのかということをリフレクション（内省）する必要があります。人は自分を理解するようにしか他者を理解することはできないと思いますが、熊本さんには、「相手の立場」から考えるという習慣を身につけてもらう必要があります。たとえ

ば、被害や災害に遭って心身ともに疲労困憊している人に、「今のお気持ちを聞かせてください」といった質問をしたらどう感じるでしょうか。また、医療場面であれば、救急で運ばれた患者が亡くなった直後に家族が駆けつけ、ショックで混乱しているときに、事務的に「次の患者さんが来ますのでこの部屋を空けてください」と言われたらどう思うか、ということです。

　本事例であれば、香川さんは、初めて介護サービスを利用していることから、ケアマネジメントのプロセスに関する知識も興味もなかったのかもしれません。行為としてのサービスの利用の有無だけを決定すればよいととらえていた可能性があります。それは、香川さんや妻の反応から推察できるでしょう。したがって、対象者が初めてのサービス利用者であることがわかっている場合は、「介護サービスの利用に関する概要を説明させていただきます。途中、わからないことがございましたら、遠慮なくお聞きください」「利用できるサービスを計画する前に、いくつかご質問させていただくことになります。誠に申し訳ございませんが、そのなかには、個人情報や話したくない内容もあるかもしれません。しかしながら、サービスを利用していただくためには必要な情報となります。なぜなら、……という場合に活用させていただくためです」といったように丁寧なやりとりが求められます。

　「相手の立場」から考えるということは、自分が相手の立場だったらどんな気持ちになるか、どんな疑問や考えをもつのかを想像することです。この想像力を養う、すなわち、ある状況において、人はどのような思考や感情をもつのか知るための効果的な方法には、いろいろな人と話をすること、映画を観たり本を読んで追体験すること（他人の体験を作品などを通してたどることによって、自分の体験としてとらえる）があります。

　熊本さんは、自分のペースで自分が話したいことを話すといった、自身のコミュニケーションパターンを修正する必要があります。そうでなければ、同じ過ちを繰り返し利用者に不快な気分やサービス上の不利益を与えるだけでなく、事業所の信用も失くすことになるでしょう。

　熊本さんが自身のかかわり方を振り返ることは、1人でもできますが、事

業所内でロールプレイング（役割演技）を行うのも有効です。ケアマネジャー役と利用者・家族の役割を決めて場面を再現し、録画したものを観ながら、かかわり方を振り返る方法は経験年数にかかわらず、自身のコミュニケーションパターンに気づくうえで効果的な方法です。事業所の管理者は、こうした研修を定期的に実施するなど、ケアマネジャーの成長を支援するための教育システムが求められます。

演習　説明責任について言語化してみよう

演習1

初回面接で、あなたが特に利用者に対して心がけていることは何ですか？

例：自分は、利用者を理解し、支援するためには役立つ人でありたいと思い、この場にいるということを最初に伝える。

演習2

関係形成が難しいと感じられる利用者に対して、どのような対応をしていますか？

例：順序立てて説明しているのに、途中で「わかった、もういい」と言い、後から「そんなことは聞いていない」と言うタイプの利用者がいる。

対応として、長い説明は聞きたくないと思われるため、「最初に大切なことを3点聞いてほしい」と言い、短いセンテンスで伝え、関心をもってもらうようにしている。また、口頭と文書の両方で説明するようにしている。

倫理的感受性を高めるキーワード

- 非言語的メッセージを解釈する
- 相手の立場から考える
- 自身のコミュニケーションパターンを知る

4 不適切な情報提供と情報共有にかかわる問題

 事例紹介

○島根さん（30歳・女性）：ケアマネジャー（8か月目）。
○石川さん（72歳・男性・要介護2）：利用者、妻（70歳）と2人暮らし。

　石川さんは、病院から退院したばかりで要介護2です。妻と2人暮らしの石川さんは、前向きな性格で、入院するまでは夫として、家長としての役割を大切にしていました。入院中は、リハビリテーション（以下、「リハビリ」という）にも積極的に取り組み、自宅に退院してからもしっかりとリハビリを継続して、自分にとって一番よい状態をつくっていきたいと張り切っていました。ケアマネジャーの島根さんが初めて石川さん宅を訪問した際にも、石川さんは病院ではリハビリに専念していたことをその内容も含めて、一生懸命、丁寧に話してくれました。そこで、島根さんは、通所リハビリを提案したところ、石川さんからも自発的な同意が得られたため、すぐにサービスの利用を開始しました。
　ところが、初回のサービス利用後、島根さんは、石川さんの妻からの電話で「夫が『あそこには行かない』と言っていますので、やめさせてください」と言われてしまいました。島根さんが、慌てて石川さんの自宅を訪問したところ、石川さんは「自分が思っていたリハビリじゃな

い、病院でやっていたことと全然違う。あんな訓練をしても意味がない、あんなことするくらいなら家にいて自分でリハビリしたほうがましだ」と怒りをぶつけてきました。島根さんは、石川さんのリハビリを継続したいという希望に応じたケアプランを作成できたと考えていたため、石川さんがなぜ、そんなに怒るのか気持ちを理解することができませんでした。

倫理的問題の分析

① 何が倫理的問題なのか

　島根さんと石川さんはリハビリに対する概念が異なっているのですが、島根さんは、石川さんから病院で経験したリハビリについての話を聞いた際に通所リハビリでも同様の効果が得られる可能性があると考え、通所リハビリのサービス利用を提案しました。しかし、その際に、通所リハビリのメニューが病院のリハビリと同じなのか、確認しておく必要があるとともに、通所リハビリの医師に対しても石川さんのリハビリにかける思いや目標に関して情報を共有しておく必要がありました。

　病院で行われるリハビリは、症状に対する治療を行うことが主たる目的ですが、通所リハビリでは、退院後に要介護認定され、継続リハビリを希望する利用者の生活機能を維持、向上させることを目的としています。そのため、石川さんと島根さんのリハビリに対するイメージにはギャップが生じていました。要介護2の石川さんは、退院後も通所リハビリで病院と同様のメニューでリハビリを継続できると考え、張り切っていたと推察されます。しかし、石川さんが初回の通所リハビリで経験したのは、病院のリハビリとは異なり、健康体操やレクリエーションに近いものであり、これでは自分が考えるような回復は望めないと判断し継続を拒否したものと考えられます。

② なぜ、このような問題が起こるのか

　通所リハビリは、医師の指示と通所リハビリ計画に基づいて行われます。通所リハビリ計画とは、診療や運動機能検査等をもとに、利用者の目標や具体的なサービス内容について定めた計画です。ここでいう、通所リハビリの「指示」にはリハビリに関する「必要性の判断」と「処方」の両方が含まれています。その際、「必要性の判断」は、主治医が行いますが、関節可動域訓練、歩行訓練等の具体的指示といった「処方」に関しては、通所リハビリに配置されている医師が行います。通常、リハビリの必要性については、担当ケアマネジャーから通所リハビリ事業所に依頼する際に情報として伝えますが、石川さんのリハビリに関する情報を、島根さんと通所リハビリの医師がどの程度共有できていたのかがわかりません。結果から考えると、島根さんは、ケアマネジャーとして石川さんと通所リハビリ事業所との間で必要な調整役割を果たすことができていなかったといえるでしょう。

③ 倫理的問題への対応

　島根さんがケアマネジャーとしての役割を遂行するためには、自身がその業務内容について、十分理解しておくことは当然ですが、利用者にサービスの説明をする際は、相手が知りたい内容を理解できる言葉で説明し、理解したことを確認したうえで、目標を共有する必要があります（倫理綱領の条文8の説明責任）。

　通常、ケアマネジャーが「説明した」ことと、利用者が「理解した」こととの間にはギャップがあることが想定されます。人は、入ってきた情報を自分の都合がよいように解釈する傾向があります。本事例においても、石川さんがリハビリという言葉からイメージしたものは、病院で処方されたような機能回復の訓練・治療だったと考えられます。そうしたことも想定したうえで、「あなたを理解したい」「目標を共有したい」という思いが伝わるようなコミュニケーションの工夫が求められます。

利用者は、ケアマネジャーとしての経験の長短にかかわらず、自身にとって最善といえる介護サービスを期待します。ケアマネジャーは、利用者のニーズに応えられるだけの専門性をもって、利用者の利益を守ることに専心する必要があります（倫理綱領の条文2の利用者の権利擁護、条文3の専門的知識と技術の向上）。

演習　伝えるための工夫について言語化してみよう

演習1

利用者や家族に対して、自分では伝わる説明をしたと思っていたが、実際は、伝わっていなかった経験はありますか？

例：サービスの内容を説明しているときは、家族が「はい」と言って頷きながら聞いていたので、理解してもらっていると思ったのに、ホームヘルパーが訪問したら、「なんで勝手に人の家に来るんだ」と言われた。

演習2

説明した内容が相手に理解できるよう工夫していることはありますか？

例：伝えたい内容の重要なポイントは繰り返し説明する。いろいろな質問の仕方の例をあげる。説明内容のまとまりごとに要約して伝える。

倫理的感受性を高めるキーワード

- 適切なニーズの把握
- 多職種との連携

Ⅱ　ケアマネジャーの専門職意識にかかわる倫理的問題

5 感情管理と不誠実さにかかわる問題

事例紹介

○徳島さん（35歳・女性）：主任ケアマネジャー。
○金沢さん（81歳・女性・要介護3）：利用者、一人暮らし。

　金沢さんは一人暮らしですが、78歳の妹が隣の市に住んでいます。妹は週に1回、金沢さんを訪ね、買い物や通院の付き添いをしています。妹によると、「姉は、性格がきつくて自分勝手なので、もともと仲のよい姉妹ではない」と言い、姉を訪ねているのも、「家族は自分しかいないので放っておくわけにもいかない」といった消極的な考えからでした。したがって、妹からケアプランの内容も含め、金沢さんに関する要望や苦情は一切なく、担当ケアマネジャーである徳島さんとは、電話で簡単な連絡を取り合う程度でした。
　一方で、金沢さんを担当するケアマネジャーは、本人の希望により支援開始から2年間で、すでに3人が交代しています。現在担当している徳島さんも、金沢さんからホームヘルパーの交代を何度も要求されたり、提案したケアプランを拒否され続けることに、ストレスを感じるようになりました。最近の徳島さんは、居宅介護支援事業所内だけでなく、ホームヘルパーの前でも金沢さんを誹謗中傷する発言を繰り返していました。また、徳島さんは、これまでのように、金沢さんによって担当を降ろされるのではなく、自然な形で外れたいと考えていました。
　ある日、金沢さんが「施設の人はどんな暮らしをしているのかしらね」と話していたという情報をホームヘルパーから聞いた徳島さんは、「施設に入所させる」ことができれば、自然な形で担当を外れることができると考えました。その後は、金沢さんを「施設に入所させる」こと

を支援目標とし、そのことを事業所内で公言していました。事業所の管理者であり主任ケアマネジャーでもある徳島さんに対して、周囲の人たちが直接意見を述べることは難しい状況でした。その後の徳島さんは、金沢さんに対して在宅サービスの提案をせずに、施設に関する情報だけを提供するようになりました。

倫理的問題の分析

① 何が倫理的問題なのか

　ケアマネジャーである徳島さんが、職業的役割よりも個人的感情を優先させたことで、利用者である金沢さんに対して、意図的に選択した情報のみを

<u>提供したことは、金沢さんがどこでサービスを受けるかということに関する自己決定の権利とその前提となる知る権利を侵害していると考えられます。</u>

　徳島さんが、優先すべきは利用者である金沢さんの利益ですが、実際は、情報を操作して自分が望む方向に誘導しようとしています。それは、1人のケアマネジャーとしての役割を果たしていないというだけにとどまらず、事業所の管理者として、利用者の利益よりも自分の都合を優先するという悪い見本を職員に示すことになったという意味では大きな問題です。

② なぜ、このような問題が起こるのか

　事業所の管理者であり、主任ケアマネジャーである徳島さんの選択は、自身のプライドが傷つくことを回避することが目的だったと考えられます。医療現場でも「担当看護師を変えてください」「自分が許可した看護師にしかケアはさせない」という患者がいます。そのような場合、看護師のかかわり方に問題があることもありますが、なかには患者の言い分が自分勝手で理不尽だと思えることもあります。そうなると、看護師は患者を「問題のある人」としてとらえ、できれば担当看護師から外れたい、早く退院してほしいと考えるようになります。しかし、優れた看護師は、「患者のそうした言動には必ず理由がある」と考えて、患者との対話を試みようとします。本事例では、家族である妹が金沢さんに対してあまり関心をもっていなかったことや、事業所の職員が管理者である徳島さんに意見を述べることができなかったことがリフレクション（内省）を促す機会を逃す要因になっていたと考えられます。

③ 倫理的問題への対応

　人を対象とする対人援助職には、利用者や家族からの要求や主張、クレーム等、さまざまな場面で、怒りや不快という自分の感情を飲み込んで感情をコントロールし、適切な言葉や態度で対応することが求められます。このよ

うにその場で望ましいとされる感情を商品価値として提供する職業を、アメリカの社会学者ホックシールド（Arlie R. Hochschild）は「感情労働（Emotional Labor）」（p. 34参照）と呼んでいます。福祉・介護職も、この「感情労働」の比重が大きな職業であるといえるでしょう。利用者や家族のなかには、理不尽な要求や主張をする人がいるのも事実であり、そのようなときは、毅然とした態度で臨む必要があります。しかし、多くの場合、理不尽なように見えても、そこにはその人なりの理由があるものです。人の行動には意味があります。金沢さんの行動だけでなく、「なぜケアプランを受け入れないのか、なぜケアマネジャーやホームヘルパーを変えようとするのか」ということに関心をもち、対話を深めることが重要です。金沢さんの場合、他者との関係をうまく築くことができず、孤独を感じ自分を理解してくれる人を求めていたのかもしれません。通常、キャリアの浅いケアマネジャーにこうした助言や指導を行うのが、主任ケアマネジャーの役割だと思います。

　しかし、本事例の場合、徳島さん自身が管理者であり、主任ケアマネジャーだということが、問題の解決をさらに難しくしているといえるでしょう。感情を抑制するだけでは精神衛生上問題があり、燃え尽きてしまう危険性もあります。まずは、①自分の感情を言語化し、次に、②利用者の立場から「なぜ、金沢さんは、こんなに何度も人を交代させるのか」を考えてみるとよいでしょう。利用者は、サービスの質を批判している可能性があるのに、曲解して、個人としての自分が批判されているなどと受け止めてしまうと感情のコントロールが難しくなります。自分の感情だけに注目するだけでなく、相手の立場から考えることで新しい視点が開け、理解が進み、関係性が大きく変化することも少なくありません（p. 159のcolumn参照）。それこそが、対人援助職としての喜びととらえることもできるでしょう。嫌な人、苦手な人であっても気遣うことのできるケアマネジャーでありたいものです。

　また職場には、仲間の傷ついた心を気遣い助け合うケアリングやユーモアを用いて気分転換できる風土が求められます。さらに、想定される状況をもとにして、感情をコントロールするための学習をすることも有効です。

| 演習 | **感情管理の方法を言語化してみよう** |

演習1

気難しいあるいは好きになれない利用者や家族とかかわるとき、どのように感情をコントロールしていますか?

例:自分は苦手な人だということをまず意識することで、自分のなかで少し対応にゆとりが生まれる気がする。

演習2

感情管理がうまくいかなかったときに、周囲からどう対応してもらいましたか?

例:職場の管理者から「どうしたの、今の気持ちを話してみてくれない」と声をかけてもらい、「つらかったね」と共感してくれたうえで、「利用者の方も何か理由があるのかしら」という問いかけをしてくれた。

【感情労働を理解するうえで参考になる文献】

・Hochschild, A.R., *The Managed Heart*:*Commercialization of Human Feeling*, University of California Press, 1983.(ホックシールド,A. R. 著、石川准・室伏亜希訳『管理される心——感情が商品になるとき』世界思想社、2000年)
・Smith, P., *The Emotional Labour of Nursing*, Palgrave, 1992.(スミス,P. 著、武井麻子・前田泰樹監訳『感情労働としての看護』ゆみる出版、2000年)

倫理的感受性を高めるキーワード

- 感情労働
- 役割期待
- 要求とニーズの違い

---

column　ナースコールを頻回に押す患者

　看護場面では、時々頻回にナースコールを押して看護師を呼ぶ患者がいます。看護師が患者の病室に行くと、「テレビのリモコンが落ちたから取ってほしい」「掛け物をかけてほしい」「部屋の温度が低い」など、次々と要求を述べてきます。初めは、患者の要求に応えていた看護師たちもあまりに頻回であることや要求は緊急性が高くないことから徐々にナースコールをとることを嫌がったり、病室に行っても言われたことだけをして、何も話さずに退室したり、最終的には面倒だからという理由でナースコールが鳴らないように操作する看護師さえいます。

　このような患者を、看護師は面倒で嫌な患者としてとらえてしまう傾向があります。しかし、優れた看護師は「なぜ、あの患者は何度もナースコールを押すのだろう」と考え、患者と向き合い対話することを試みます。すると、大抵の患者は「家族は来ないし、自分は独りぼっちだ、取り残されているような気分でつらい」といったように自分の正直な気持ちを率直に語ってくれ、患者は「孤独」のニーズを満たしてほしいと思っているのであり、このニーズに応えない限り、多くの要求に応えても患者は満足することはないことを知ることになります。

6 説明および配慮不足により家族の尊厳を傷つけた問題

事例紹介

○渋谷さん（45歳・女性）：ケアマネジャー。
○墨田さん（72歳・女性・要介護2）：利用者、夫（73歳・要支援1）と2人暮らし。
○大田さん（51歳・女性）：地域包括支援センターの主任ケアマネジャー、地域ケア会議の司会者。

　A市で行われている地域ケア会議では、地域の居宅介護支援事業所のケアマネジャーが会議の事例を提供していました。今回、地域包括支援センターから事例提供を求められた渋谷さんは、担当している墨田さんにお願いすることにしました。要介護2の墨田さんと要支援1の夫に対する今後のことが気がかりだったので、地域ケア会議で検討してもらい、ほかの職種からの助言をもらうことにしました。事例提供後に、地域包括支援センターから、墨田さんと夫にも出席してほしいとの依頼がありました。渋谷さんは「これから先の生活の支援についていろいろな人が一緒に考えてくれる会議があるので、参加していただけませんか」と同席を依頼したところ、「そういうことなら」と夫から出席の同意を得ることができました。

　地域ケア会議の司会を担当した、地域包括支援センターの主任ケアマネジャーである大田さんは、検討事例における課題として、今後、墨田さん夫婦と同じような課題を抱える人たちが増えていくことが予測されるため、地域でどのように支援できるか、対策等について議論を進めました。会議に出席していた墨田さんの夫は、司会者から「何かお困りの

ことはないですか」と聞かれましたが、なかなか発言できませんでした。墨田さんの夫は、会議に参加している人たちと初対面であったため緊張していたこともありますが、何より、自分たちの日頃の生活が会議のなかでは「地域における課題」として取り扱われたことにショックを受けていたのです。自分たちは、地域の人に迷惑をかけながら暮らしているのではないかと感じさせられるような会議の流れがあったからです。墨田さんの夫は、会議の場では「自分たちのために皆さんで議論していただき、ありがとうございました」とお礼を述べましたが、心は傷つき、会議に出席すべきではなかったと後悔しました。

倫理的問題の分析

① 何が倫理的問題なのか

　本事例では、墨田さんが地域ケア会議の主催者側との間に会議で検討する目的や意義にギャップがあることを知り傷つくことになりましたが、そうした状況を生み出した要因の1つに渋谷さんや大田さんの説明不足があったと考えられます。

　墨田さん夫婦が地域ケア会議の目的と自分が出席する意味を正確に理解していたならば、会議の出席を断った可能性もあり、仮に出席したとしても、今回のように情けない思いをすることは避けられたと思います。
　また、地域ケア会議の司会者である大田さんも、会議の目的の設定を個別会議とするのか、地域課題を検討する会議とするのかであらかじめ墨田さんと情報共有しておくべきでした。そのことが説明不足を招いた可能性もあるからです。

② なぜ、このような問題が起こるのか

　地域ケア会議への参加を依頼するにあたって、居宅介護支援事業所の渋谷さんが行ったのは、「これから先の生活の支援についていろいろな人が一緒に考えてくれる会議があるので、参加していただけませんか」という説明のみでした。しかし、本来であれば、墨田さんと夫に対して、事前に渋谷さんが説明すべき内容には、地域ケア会議の位置づけ、目的、出席者、個人情報の保護、会議に出席することのメリットとデメリット、自分の事例を提供することの諾否、自由意思による出席等がありました。こうした説明を省略して説明したために、墨田さん夫婦がイメージしていたものとは大きく異なる会議内容となってしまい、その結果、情けない思いをするなど人間としての尊厳が傷つけられてしまいました。

　また、地域包括支援センターは、渋谷さんが前述した説明内容を十分理解しているかどうかを事例提供する時点で確認する必要がありました。

③ 倫理的問題への対応

　事例検討する際に、当事者に出席を依頼する場合、適切な説明に基づく自由意思による同意を得ることが重要となります。また、会議の展開においても、その場にいる当事者に対して細やかな配慮が求められます。今回は、その両方が不十分だったために、墨田さん夫婦の尊厳を傷つけることになったといえるでしょう。誰のための何のための会議なのか、利用者中心ということを忘れてはなりません（倫理綱領の条文1の自立支援、条文2の利用者の権利擁護、条文8の説明責任）。

　本来とるべき対応としては、地域包括支援センターは、事前説明をケアマネジャーに依頼するのであれば、渋谷さんが地域ケア会議について墨田さんと夫に適切に説明できるよう支援する必要があります。必要に応じて、説明用のツールを作成したり、説明に同行する等も検討したほうがよいでしょう。

　地域ケア会議は、墨田さん夫婦の住民票がある行政が関与しているため、

事例の当事者が緊張感や重圧感を受けることなく、自由意思で自己決定ができる雰囲気づくりが不可欠となります。特にケアマネジャーである渋谷さんには、墨田さん夫婦が説明に対してどの程度理解できているのか、言語的、非言語的メッセージを注意深く観察し、強制力が働かないように、そして、自由意思による決定ができるように支援する役割が期待されています。

> **演習** 地域ケア会議について考えてみよう
>
> **演習1**
>
> 地域ケア会議に事例提供したことはありますか？ その際、気をつけたことは何ですか？
> 例：会議の目的と会議における利用者の立ち位置について、丁寧に説明し出席を断ってもサービスを受ける際の不利益は一切ないことを強調した……。
>
> **演習2**
>
> あなたが渋谷さんだったら、会議終了後の墨田さんと夫との関係をどのように修復していきますか？
> 例：自分の説明不足と傷つけてしまったことを率直に謝罪する。

> **倫理的感受性を高めるキーワード**
> - 当事者の立場に立った丁寧な説明
> - 会議における当事者への配慮

7 専門職意識にかかわる問題

 事例紹介

○目黒さん（34歳・女性）：ケアマネジャー 3年目。
○品川さん（58歳・男性・要介護1）：利用者、2歳年下の妻と2人暮らし。

　品川さんは、今月から介護保険を利用しています。半年前から体の不調を訴え、複数の病院で検査を受けていましたが、先月ようやく筋萎縮性側索硬化症（ALS）と確定診断されました。品川さんは、医師からALSの進行は速く、今後は人工呼吸器の装着についても検討する必要性があるとの説明を受けました。品川さんは、病名を知らされショックで混乱しているときに、さらに追い打ちをかけるように人工呼吸器の装着を検討する必要があるという医師の説明に、現実を受け止めることができずにいました。混乱しながらも品川さんは、自らインターネットや書籍でALSについて調べていくうちに、事実を受け入れるしかないと思うようになり、目黒さんに「このまま生きていていいのか、人工呼吸器をつけて生きていく自分を想像することができない、どうしていいのかわからない」と訴えました。そばで聞いていた妻は、「お願いだから、人工呼吸器をつけてでも生きられる限り生きてほしい」と夫に対して泣きながら頼みました。

　目黒さんは、それから何度も品川さん宅を訪問し、話を傾聴して思いを受け止めようとしました。しかし、どのように支援したらよいかわからないため、心の奥では、品川さんに会うことに苦痛を感じ、その場から逃げ出したい気持ちでいっぱいでした。

倫理的問題の分析

① 何が倫理的問題なのか

　本事例が含んでいる問題は、ケアマネジャー 1 人では抱えきれない重さを感じたときに専門職としてどうあるべきかが問われる問題といえます。ここでは ALS という、進行性難治疾患をもつ利用者が経験している「絶望」に対して、表面的には向き合いつつも、逃げ出したいというのが本音であり、専門職としての役割と責任を見失っていることが倫理的な課題です。

安易な気持ちで、深い悲しみや苦しみを抱える利用者や家族を受け止めることはできませんし、すぐに解決策が見つかることもありません。しかし、目黒さんが品川さんを理解したいという思いで語りに耳を傾けることができたとすれば、すぐに答えは出なくても、品川さんが自身の考えや気持ちを整理することを支援できたかもしれません。目黒さんは、物理的には品川さんのそばにいましたが、気持ちはその場から逃げ出したいと思っており、その気持ちは品川さんにも伝わっているでしょう（第4章のp. 217のcolumn「聴いてください　看護師さん（Listen, Nurse）」の詩を読みましょう）。

② なぜ、このような問題が起こるのか

　目黒さんはケアマネジャーであり、医療や心をケアする専門的な知識や技術をもっていないことから、逃げ出したいという気持ちが生じるのも無理のないことではあります。しかし、ケアマネジャーとして、こうした場面に遭遇することは想定されることであり、そのとき、自分はどういう心構えで利用者や家族に向き合うのか、そのことを常日頃から考えていれば、別の対応もできたかもしれません。目黒さんは、その場を離れることができますが、品川さんと家族は現実から逃れることができないということの意味をケアマネジャーとして考える必要があります。

③ 倫理的問題への対応

　ALSの診断でショックを受けているところに、人工呼吸器を装着するか否かの選択を迫られたとしたら、品川さんに限らず、誰もがわが身に起こったことに大きなショックを受け、否定、怒り、悲しみ、強度の不安など感情が入り混じり、混乱した状態に陥るでしょう。そこから、気持ちを建て直し、生活を再構築するには、ALSの進行に応じて、医療や精神衛生の専門家、家族、患者会などの非専門家による支援が不可欠となりますが、まずは、ケアマネジャーとして目黒さんは、自分が対応できることと困難なことを整理する必要があります。幸い、品川さんは、目黒さんに心を閉ざすこと

なく、自分の思いを表出できていますので、まずは目黒さん自身が自分らしさを取り戻すことが必要です。

　その際、品川さんの状況を理解し、自身の思考や感情を整理することを助けてくれる学習として、「**危機（crisis）理論**」「**ストレスコーピング（coping）理論**」等があります。危機とは、その人がもっている通常の対処する力では、状況に適応することが困難な出来事であり、その危機の過程を表し、その構造を明らかにすることでどのような支援をすればよいかを示してくれています。危機理論にはいくつかありますが、医療現場では**フィンク**（Stephen L. Fink）の危機理論が活用されています。フィンクは、危機の過程として、「衝撃―防御的退行―承認―適応」の4段階があるとしています。人は危機に陥るような脅威的出来事に直面すると、最初の段階では「衝撃」を受け、次に自己防衛的で情緒的な対応としての「防御的退行」が起こり、やがて回復していくに伴い問題解決に向けた対応として「承認」、そして「適応」へと向かうとされています。

　次に**ストレスコーピング**とは、ストレッサー（病気や人間関係など、ストレスの原因となるさまざまな刺激）にさらされた際に、どのように対処していくかという過程に目を向けるもので、心理的・身体的負担を減らすために用いられる技術です。人は、ストレッサーにさらされたとしても、その受け止め方には個人差があります。たとえば試験で60点をとった場合、欠点ではなかったと喜ぶ人もいれば、満点に近い点数しかとったことのない人にとっては、大きなショックとして受け止められます。このように、人の物事のとらえ方が認知であり、ストレッサーに対する脅威の程度によってストレス状況が変わります。さらに、ストレスとして認知した状況が続くと、心身ともにさまざまな症状を引き起こすようになります。これがストレス反応であり、自律神経失調や免疫力低下などの身体反応と落ち込みや集中力低下といった精神的反応、過食や拒食といった行動反応があります。こうしたストレスにうまく対処する方法として考えられたのがストレスコーピングであり、個人の認知の方法に働きかけ、ストレスへの対処力を高めますが、それ

には「情動焦点型」「問題焦点型」があります。「情動焦点型」は、傷ついた、悲しいといった感情を他者に表出し、相手に傾聴してもらうことで、感情を整理したり発散させたりしますが、根本的な問題解決にはなりません。一方、「問題焦点型」は、ストレスの原因を根本的に解決しようとする対処法です。たとえば、虐待がストレッサーになっている場合、その加害者に働きかけ、問題解決をめざしますが、その実行には困難を伴う場合も少なくありません。

人には、環境の変化に適応する能力がありますが、それには個人差があり、環境の変化がその人の適応能力を超えている場合、変化についていけなかったり、受け入れられなかったりすると危機的状態に陥ります。品川さんは、自分の人生で想定していなかった、ALSに罹患し、その進行の速さから、身体機能の低下だけでなく、社会的役割の喪失、生活様式の変化などに適応していかなければなりません。しかし、1人では乗り越えられない困難も、周囲から適切な支援を受けることで、品川さんが本来もっている心の回復力・逆境力ともいえる**レジリエンス（Resilience）**（p.23参照）を発揮し、それまでとは異なる価値転換が可能になるかもしれません。

まずは、ALSと診断されるまでの品川さんは困難状況を乗り越えるときにどのような対処方法（ストレスコーピングなど）をとっていたのか、品川さんの強みについて知っておくとよいでしょう。家族である妻から情報を得ることも1つの方法です。目黒さんは、品川さんの語りを聴きながら、本人自身が不安に思っていること、問題にしていることに自ら気づいていく過程を支援することに努めましょう。

また、最前線で頑張る目黒さんにも支援が必要であり、その役割は、事業所の管理者や同僚で引き受けましょう。こうした正答のない問題や一律の解決策のない案件に立ち向かう目黒さんが、自分の思いを言語化し、考えや気持ちを整理できるよう支援しましょう。類似した自分の経験を語ったり、必要に応じて、品川さんの主治医や訪問看護師との情報共有や連携に関して助言することは効果的です。

> **演習** 心の苦しみを抱える利用者とのかかわりを考えてみよう

演習1

難病やがんの利用者を担当したことがありますか？ 病気の段階（stage）によってかかわり方で工夫したことはありますか？

例：がんの終末期の利用者を担当した際、利用者が最期まで日々の生活のなかで小さくても希望をもてるよう、利用者が希望した国内の旅行を写真やDVDを見ながら、地図の上だけでも実現できるよう家族とともに支援した。

演習2

難病やがんの利用者や家族とのかかわりで学んだことはありますか？

例：難病の利用者で、ADLは全介助でしたが、自分のことよりも家族の生活や、自分の亡き後の妻の生活を心配されることがモニタリング時の主な相談内容でした。自らの状況を受け止め、自分より他者（家族）を思う強さに尊敬の念を感じました。

倫理的感受性を高めるキーワード

- 問題解決に向けた理論の活用
- 危機理論
- ストレスコーピング
- レジリエンス

Ⅱ　ケアマネジャーの専門職意識にかかわる倫理的問題

【参考図書】

〈危機（crisis）理論〉
・Aguilera,D.C., *Crisis Intervention : Theory and Methodology*, Mosby, 1994.（アギュララ，D. C. 著，小松源助・荒川義子訳『危機介入の理論と実際——医療・看護・福祉のために』川島書店、1997年）

〈ストレスコーピング（coping）理論〉
・Lazarus, R.S., Folkman, S., *Stress, Appraisal, and Coping*, Springer Pub. Co., 1984.（ラザルス，R. S.・フォルクマン，S. 著，本明寛・春木豊・織田正美監訳『ストレスの心理学——認知的評価と対処の研究』実務教育出版、1991年）

8 職業的価値と組織的価値の対立に伴う倫理的ジレンマ

 事例紹介

○富山さん（38歳・女性）：ケアマネジャー（5年目）。

　富山さんが所属する居宅介護支援事業所では、経営を安定させるために、ケアマネジャーが利用者を担当する件数について目標設定することになりました。この件に関して、経営者はケアマネジャーに対して、事業所の利益を上げ、経営を安定させることで、利用者に対して責任をもったサービスの提供が可能となり、職員の研修機会を増やすことができると説明しました。さらに、ケアマネジャーのワーク・ライフ・バランスを保つ観点から職員の残業を減らすため、可能な限り定時退社を求めるようになりました。富山さんも、経営者の説明を聞き、言わんとすることは理解できたため組織の経営方針に従うことに違和感はありませんでした。その後、経営者は、所属する一人ひとりのケアマネジャーの担当件数、新規利用者の獲得件数を毎月確認しグラフを作成しました。富山さんを含めたすべてのケアマネジャーは、できるだけ多くの件数を担当し、定時退社することを意識するようになりました。

富山さんは、次第に業務の効率性を追求するようになり、書類作成だけでなく、利用者と面談する時間も短縮するようになりました。その結果、富山さんは、面談時、以前のように利用者の語りに耳を傾けることがなくなり、運営基準に沿って実行していることを証明するために必要な署名や印鑑をもらうことに追われるようになりました。
　あるとき、そうした自分の仕事に対する向き合い方が変化していることに気づいた富山さんは、「これが、ケアマネジャーとしてあるべき姿なのか」と疑問をもつようになりました。しかし、一方で経営が安定しないと仕事もできないという思いもあり、葛藤する日々が続いています。

倫理的問題の分析

① 何が倫理的問題なのか

　<u>富山さんは、ケアマネジャーとしての最善を尽くす責任という職業的価値と雇用されている事業所の業務の効率化を推奨する組織的価値の間で倫理的ジレンマを感じています。</u>

　富山さんには、ケアマネジャーとして「かくありたい」いう理想がありますが、それを実践するには多くの時間とエネルギーが必要であることを知っています。その結果、ケアマネジャーとしての充足感は得ることができたとしても、仕事の効率性が低下することは避けられず、事業所の経営方針に沿わないことになります。いかにして価値の調整を行うか、この問題は非常に普遍的かつ難しい問題といえるでしょう。

② なぜ、このような問題が起こるのか

　富山さんが経験しているジレンマは、被雇用者という立場であれば、誰もが陥る可能性があります。自身の安定した生活は、事業所の順調な経営の上

に成り立っています。一方で、ケアマネジャーとしては、「利用者の利益を優先したい」「納得するまで話す時間がほしい」といったことに価値を感じていると考えられます。

　しかし、現実は、この2つの価値は対立することが多くジレンマに陥ることになります。富山さんのように、自身の職業的価値観よりも経営理念や事業所のルールを優先するあるいは優先せざるを得ない状況に置かれる人は少なくありません。

③ 倫理的問題への対応

　富山さんのように、職業的価値と組織的価値の間でジレンマに陥った際は、自身の気持ちを整理して、価値の調整を行う必要があります。まずは、富山さんは、自分の仕事は「誰のために」「何のために」しているのかといったケアマネジャーとしての原点に戻り、現在の職場で働く理由について、自分の気持ちを言語化してみるとよいと思います。

　富山さんは、ケアマネジャーとして誇りをもった仕事がしたい、一方でそのためには事業所の経営の安定が必須であり、業務の効率化を進めることに協力しなければならないと考えていると思われます。

　まずは、富山さんが自分と対話して、対立する2つの価値の調整が可能かどうかを検討してみる必要があります。たとえば、業務の効率性についても、現在の方法が最善なのか、ほかの業務改善の方法はないのかを事業所全体で検討してみることも必要です。また、利用者とかかわる際も、署名や印鑑をもらうことばかりを考えていると、相手の話に集中できなくなります。それよりも、時間的には〇分は確保できるから、その間は、利用者の話に集中しようと意識するだけでも、迷いながらかかわっている現在よりも効果的でしょう。限りある時間とエネルギーを、いつ、誰に、何に対して注ぐべきかという優先順位を常に考えて行動することも解決に向けて重要なことだと考えます。

　ただし、組織の価値観と自身の職業的価値との調整がつかず、その状態で

仕事をすることが苦しくなっているようであれば、残念ながら事業所を移すことも検討すべきです。

| 演習 | 自身の職業的価値観を振り返ってみよう |

演習1

職場の理念や方針と自身の個人的・職業的価値観が対立し、ジレンマを経験したことはありますか？

例：ケアマネジャーとしては、利用者とのコミュニケーションをとる時間を確保して、関係性を築きたいと考えていますが、残業ゼロ実現のため一訪問30分程度という目安を事業所から要求されるため、常に時間に追われており、ジレンマを感じています。

演習2

あなたが、仕事をするうえで最も重要だと思うことは何でしょうか？

例：利用者や家族に「あなたがケアマネの担当で本当によかった」と言ってもらえるような関係性を築くことです。

倫理的感受性を高めるキーワード

- 何のためのケアマネジメントなのか
- 誰のためのケアマネジメントなのか
- 仕事をするうえで最も重要と考える価値は何か

まとめの演習

演習1

ケアマネジャーと基礎資格において、働くうえでの共通性と相違性について事業所で話し合ってみましょう。

演習2

ケアマネジャーが専門職意識を高めるうえでの課題について話し合ってみましょう。

演習3

ケアマネジャーとしての将来の展望について、専門性の観点から話し合ってみましょう。

Ⅲ ケアマネジャーと関連職種間における倫理的問題

1 公正性、誠実性の欠如から生じた問題

事例紹介

○中野さん（33歳・男性）：福祉用具を扱う事業所、就職6年目。

　A地域では、福祉用具を扱う事業所の担当者が一堂に会し、業務遂行上の悩みについての話し合いが行われました。中野さんは、「月末に福祉用具の貸与を開始することがしばしばありますが、利用者さんが目の前にいるところでケアマネジャーから『翌月からの給付でよいですか』と確認されることが多く、困惑してしまうのですが、皆さんはいかがですか」と発言しました。中野さんの発言を受けてほかの担当者からも「うちもそうです。腑に落ちないですよね」といった意見が続きました。

　本来、保険給付は、実際に福祉用具の利用を開始した日から発生するはずです。しかし、ケアマネジャーは、自身が書類を作成する手間を省くことも理由の1つですが、利用者の経済的負担を軽減したいということを前面に出し、翌月1日から利用開始したものとして取り扱うことを要望していました。そうしたケアマネジャーの要望に事業者は、しぶしぶ応えているのが現状です。

　福祉用具を取り扱っている事業所としては、ケアマネジャーの要望を断った場合、利用者は数日分であったとしても費用負担が生じることになり、何よりケアマネジャーに「あの事業所の担当者は融通がきかな

> い」と評価されることを心配していました。結果的にケアマネジャーに利用者を紹介してもらえなくなるかもしれないと考えているからです。しかし中野さんは、これまで慣例的に受け入れてきた「納得できない」ケアマネジャーの要望に対して、本会議ですべての事業所の担当者が同じ対応をすることができれば、状況を改善できるのではないかと考えていました。

倫理的問題の分析

① 何が倫理的問題なのか

　本事例の問題は、ケアマネジャーが関連職種に悪影響を与えていることです。

　中野さんの発言にあるように、保険給付の発生日と実際の福祉用具の利用開始日が一致していないとすれば、福祉用具を貸与する業者が正当な報酬を得ておらず不利益を被っていることになります。また、利用者がいるところでケアマネジャーが事業所の担当者に、報酬の発生日を月初めでよいかと確認するという行為は、担当者に何らかの圧力あるいは強制力を感じさせる可能性があることも問題です。

　厚生労働省は、「報酬告示」（正式名称は、「指定居宅サービスに要する費用の額の算定に関する基準」）により、適切な給付について定めています。したがって、本事例は、報酬告示に従っていないことが問題であり、福祉用具を貸与する事業所を紹介する立場にあるケアマネジャーが自分の立場を利用して、報酬が発生する利用開始日を月末から月初めにするよう、担当者に依頼することは、公正の原則に外れているという意味で倫理的な問題です。確かに、利用者にとって、月末数日分の福祉用具の貸与料の支払いをしなくてもすむことは経済的には助かるかもしれません。しかし、利用者は自分１

人のことになりますが、事業所にとっては、多くの利用者の利用開始日と報酬発生日の差額分の負担を引き受けることになり、こうした慣例が続くことで不利益も大きくなります。

② なぜ、このような問題が起こるのか

　本事例のような問題が起きる背景には、ケアマネジャーに、事業所の担当者は自分の意向に従ってくれるという思いがあるからでしょう。人は意識する、しないにかかわらず自分と他者の間の関係性を考えて行動します。道徳性に基づくというより、相手との力関係で判断してしまうことがあります。ケアマネジャーは、少しでも利用者の経済的負担を軽減するためという主張をするかもしれませんが、事業所の担当者が断りにくい状況をつくり、意図的に同意させていると言われても仕方がないでしょう。さらに、建前では利用者のためと言いつつ、給付に必要な書類作成に必要な自分の手間を省くことが含まれているとしたら、こうしたやり方はかなり意図的であるといえます。

　利用者を紹介してほしい事業所の担当者に対して、介護の経済的負担はできるだけ少なくしたいと願う利用者や家族の思いを利用した行為といえます。

③ 倫理的問題への対応

　本事例では、福祉用具を取り扱う事業所の担当者が一堂に会した場所で、問題が提議され、解決策を見いだそうとするやり方はよいことです。「おかしい」と思うこと、「腑に落ちない」と思うことを率直に言語化し、なぜそうしたことが起こるのか、その原因を分析することが重要です。事業所の担当者も、おかしいことには「No」と言う勇気をもつ必要があります。不本意でもケアマネジャーの要望を聞き入れていけば、今後対等な関係を構築していくことはますます困難なものとなります。

　また、ケアマネジャーは、ほかのケアマネジャーも同様のことをしてお

り、利用者の利益になっているのだからよいだろうといった論理で、自分の行動を正当化してしまうことがありますので、今一度、公平、対等とは何かを考える必要があります。

さらに、ケアマネジャーが所属する事業所の管理者も、職員が報酬告示に沿った給付手続きを適切に行っているか確認するとともに、ケアマネジャーは何を善とし、何を悪とするのかということについて率直に話し合う機会をもつことも必要です。

本事例はほかの職種から見たケアマネジャーとの関係の課題を扱っていますが、自分たちがほかの職種からどんなふうに見られ、考えられているかについて認識しておくことも大切なことです。

演習　関連職種との関係を考えてみよう

演習1

ほかの関連職種との関係において「これはおかしい」と思うことはありますか？

例：訪問看護師が「ケアマネジャーに医療的観点に関する『指導』をしないと、ケアマネさんは医療のことを知らないから」と言うのを聞きました。専門職間で「指導」の関係はあるのか違和感を感じました。

演習2

ほかの関連職種との関係において「これはおかしい」と思ったことを言語化して仲間と話し合った経験はありますか？

例：日頃の実践のなかで思うことはあっても、改めて「話し合う」とか「言語化」するということはせず、ただ日々が流れてしまっています。

倫理的感受性を高めるキーワード

- ケアマネジャーと公平性
- ケアマネジャーと平等性
- ケアマネジャーと対等性

2 個人情報の取り扱いにかかわる問題

 事例紹介

○福井さん（50歳・女性）：ケアマネジャー。
○長野さん（66歳・男性）：利用者、筋萎縮性側索硬化症（ALS）。

　長野さんは、ALSの症状が徐々に進行し、介護保険サービスも複数のサービスを利用するようになり、診療も通院から訪問に変更されました。長野さんは、ALSの進行が速く自分に起こっていることを受け止めることができず、苦しんでいました。福井さんも、そうした長野さんのつらい気持ちをそばで見て、どのように支えたらよいのか悩んでいました。

　ある日、長野さんは、訪問診療に来た医師が抱えていたカルテの背表紙に「長野雅彦ALS」と書かれてあることに気づきました。長野さんは、カルテの背表紙に氏名と病名がセットで書かれてあるということは、他者にも自分の個人情報が容易に知られてしまうことから医師に対する不信感をもち、福井さんに連絡しました。

　長野さんから相談があるとの連絡を受けた福井さんは、すぐに訪問しました。長野さんは「医師のカルテを見て、病名を突き付けられた気がしてつらかったし、名前だけじゃなく、病名をカルテの背表紙に書く先生には患者の気持ちが理解できないんじゃないかと思うと怒りの感情も

わいてくる」と複雑な感情が入り混じった表情で話し、福井さんに、今の自分の気持ちを医師に伝えてほしいと頼みました。

倫理的問題の分析

① 何が倫理的問題なのか

　個人情報である病名をカルテの背表紙に書くということは、医師の都合によるものであり、必然性はありません。たとえ医師がカルテを鞄などから出すのは長野さんの自宅訪問時のみだとしても、それが誰かの目に触れる可能性がないとはいえず、個人情報の取り扱い上の問題があります。

　背表紙に氏名と診断名を併記するということは、「ALS=長野」といったメッセージとして受け取れることであり、そうした医師の鈍感さ、配慮のな

さが病気で苦しみ悩んでいる長野さんを深く傷つけたことが問題です。

② なぜ、このような問題が起こるのか

医療現場でも少し前までは、患者を「201号室の胃がんの患者」といったように、疾患名を前面に出した表現を用いることが少なくありませんでした。しかし、徐々に、人間を生活者として理解することの重要性が認識されるようになり、現在では「201号室の田中さん」として理解するようになってきました。また、現在では多くの医療機関でカルテは電子化されているため、患者が自分のカルテの背表紙を見る機会は少なくなっています。

本事例の場合、医師に「もし自分が長野さんの立場だったらどう思うか」といった想像力が欠如していると考えられます。看護理論家であるヘンダーソン（Virginia A. Henderson）は、利用者の「皮膚の内側に入り込む[1]」という表現を用いて、相手の立場から見える世界を理解しようとすることの重要性を指摘しています。

医師は、基本的に患者に対して、自分が医師として「何ができるか」ということを中心に考える傾向があるため、相手がどのように感じるかということに対する感受性は高くないこともあります。したがって、本事例の場合も、カルテの背表紙に病名を書いたことで、長野さんがひどく傷つくということは想像できていない可能性は高いと思われます。

③ 倫理的問題への対応

本事例の場合、長野さんは医師に対する自分の思いを福井さんに言葉で伝えていますが、直接医師に伝えず、ケアマネジャーに依頼しているのは、最善の対応なのかという点では疑問が残るところです。そもそも、病は患者が経験しているものであり、その経験を通して自分が何を感じ、何を考えているのかを医師を含めた、医療・介護にかかわっている人たちに対して率直に伝えることができる環境や関係性が重要です。福井さんは、長野さんが感じた怒りや悲しみといった感情を受け止め、整理した後に、「あなた自身のこ

とですから、率直に医師に自分の今の気持ちを伝えてみてはいかがですか」と勧めることも重要なことだと考えます。医師は、患者把握の効率性を優先し、病名を記載していただけかもしれず、長野さんが深く傷ついていることには気づいていないかもしれません。福井さんは、長野さんと医師との関係性が壊れないようにかかわることも重要です。医師と患者・利用者の間にある勾配関係はただでさえ医師側に傾く傾向がありますから、双方の努力によって対等な関係を築いていくことが必要です。

演習　医師との関係構築について振り返ってみよう

演習1

医師と利用者との関係において調整が必要だった経験はありますか？

例：医師から指導を受けた際、「わかりましたか？」と言われると、本当はわからないのに自分の意見を言えない利用者の通院に付き添い、本人から発言できるようにサポートしました。

演習2

医師とケアマネジャーとの関係において利用者の利益を損なうような状況を経験したことはありますか？

例：身寄りのない軽度の認知症の利用者が救急搬送され、入院した際すぐに病室を訪問すると、穏やかにしているのに胴抑制、ミトンをされていました。こんなものは不要だと強く思いましたが、そのことを主張できませんでした。

【引用文献】

1）Henderson, V., *Basic Principles of Nursing Care*, International Council of Nurses, 1960.（ヘンダーソン，V. 著、湯槇ます・小玉香津子訳『看護の基本となるもの　新装版』日本看護協会出版会、p.19、2006年）

> **倫理的感受性を高めるキーワード**
>
> - 相手の世界を理解する想像力
> - 利用者と医師の関係における非対称性
> - 自分の意向を発信する勇気

3 利用者の利益と保険者との関係性にかかわる問題

○岩手さん（54歳・女性）：居宅介護支援事業所の管理者、主任ケアマネジャー。
○滋賀さん（73歳・女性）：利用者。

　経営者から事業所の経営を任されている岩手さんは、保険者である市の介護保険課担当者の方針や指導内容に関しては理解しており、今後の法改正の動向についても情報収集しています。2018（平成30）年以降は指定居宅介護支援事業所の指定権限が各市町村に移譲されたため、事業運営上、保険者との関係が重要であるという認識をもっています。

　先日、岩手さんの事業所では、保険者によるケアプランの点検が行われました。今回、点検にかかわった担当者は介護保険課の事務職とケアマネジャー資格がなく実務者ではない職員でした。岩手さんは、ケアプラン点検において、プランの一部を修正するよう指摘を受けました。指摘された事項は、岩手さんが担当している滋賀さんに関するものでした。岩手さんは、滋賀さんが置かれている個別的な状況をよく理解したうえで作成したケアプランを修正するよう求められたことに対しては納得できない思いでした。しかし、もしここで保険者の担当者に対して自分の考えを強く主張してしまうと、担当者から「指導を聞き入れないケ

アマネジャー」という認識をもたれる可能性があるとも考えました。そこで、指摘事項に関しては、あえて粘り強くその必要性を説明することはせず、表面的には指導を聞き入れる選択をしました。ケアプランの修正には利用者の同意が必要なため、岩手さんは滋賀さんに対して「市の担当者から指導があり、ケアプランを修正しなければならなくなりました。これまでよりサービスの回数が少し少なくなると思いますがご理解ください」と説明しました。滋賀さんは、「なぜ、これまでのケアプランではダメなのか」と質問しましたが、岩手さんは同じ説明を繰り返すだけでした。滋賀さんは、ケアプランの修正理由がわからないまま、自分ではどうしようもないことだから仕方がないと思いましたが、納得できませんでした。

倫理的問題の分析

① 何が倫理的問題なのか

　岩手さんは、保険者に対してケアマネジャーとしての責任を果たすために最善を尽くすことなく、保険者からみた自事業所や自分の評価や利益を優先しており、その結果、滋賀さんに不信感を抱かせることとなり、サービスの低下に伴う不利益も生じさせていることは問題です。

　ケアマネジャーが第一義的に責任を負うべき相手は、保険者でなく利用者です。したがって、岩手さんは滋賀さんの利益を守るために最善を尽くすことが求められます。

② なぜ、このような問題が起こるのか

　ケアプラン点検は保険者と事業所の双方がともにその目的を理解して行われるべきものです。したがって、岩手さんは、ケアプラン点検担当者から受けた指摘に対して、なぜそのケアプランを作成したのか相手が理解できるように説明する責任があります。しかし、本事例の場合、岩手さんは、保険者との関係は非対称性であるという認識から、専門職としてケアプランの妥当性を説明する責任を放棄していると考えられます。すなわち、岩手さんは、本来守るべきはずの滋賀さんの利益ではなく、保険者の印象を悪くしたくないという自身の利益を優先しており、ケアマネジャーとして自律性のない選択をしています。こうした問題は、今後、増加していくものと思われます。理由もなく保険者と対立する必要はありませんが、岩手さんのように利用者を守ることなく、保険者の意向を優先するようなことはあってはならないことです。

③ 倫理的問題への対応

　本事例において岩手さんは、自分の立場を守る姿勢からケアマネジャーとして誤った選択をしています。岩手さんが利用者の利益を守るために、まずすべきことはケアプラン点検担当者に理解してもらうための説明です。担当者が、事務職であったり、たとえケアマネジャーの経験があっても現にケアマネジャーを行っていないというのは、説明しても理解できないということを正当化する理由にはなりません。そもそも、ケアマネジャーである岩手さんには、自分の仕事内容が妥当であることを説明する責任があります。本当に必要なケアプランであれば、保険者の担当者も理解を示してくれる可能性があります。もしも、説明した結果、修正を求められたとしても、利用者の利益を守るための行動をしていることは理解されたかもしれません。少なくとも滋賀さんに対しては、「修正するよう指導されたから修正する」といった主体性のない説明ではなく、「担当者の主張は○○であり、わかってもらえるよう説明には最大限努力したが修正せざるを得ない結果となり申し訳ない」と言えたでしょう。倫理的選択をするうえで、岩手さんは自分自身に対して「自分と同じような選択をすべてのケアマネジャーがしたら、それは自分が望むケアマネジメントの世界なのか」、また、「そうした選択をする自分に対してケアマネジャーとしての誇りをもてるか」を問いかける必要があります。

　倫理綱領の条文4で謳われている公正・中立とは、事業所や施設の利益に偏らずに公正・中立な立場を堅持することを意味していますが、こうした保険者や国との間に立っても、信念をもって公正・中立を貫き通してほしいものです。

演習　公正・中立について言語化してみよう

演習1

ケアマネジャーとして利用者の利益より、職場の経営の安定を優先して行動したことがありますか？

例：赤字が続いている事業所は特別養護老人ホームに併設しており、事務長から、「うちの法人のサービスを使ってくれるとありがたいんだがね」と言われました。そのため併設している訪問介護、通所介護、短期入所生活介護をケアプランに組み込んで、自分の法人のサービスを利用者が選んでくれるように意識的に行動しました。

演習2

ケアマネジャーとしての自分に誇りをもてますか？

例：ケアマネジャーとして利用者の利益より、職場の経営の安定を優先して行動していることに対して、自分の生活を守るためには仕方がないという思いもありますが、一方で利用者に対する情報操作を意図的にしているため、そうした自分の行動に対して誇りをもてるとはいえません。

倫理的感受性を高めるキーワード

- 公正・中立
- 利用者を守り抜く覚悟
- あるべきケアマネジメントの世界

4 利用者と家族の尊厳を傷つける介護事業所のかかわりに関する問題

事例紹介

○栃木さん（40歳・女性）：ケアマネジャー。
○奈良さん（55歳・男性・要介護5）：利用者、進行性の難病。

　奈良さんは、7年前に発病した進行性の難病により、現在は胃ろうを造設し、自宅で療養しています。今後、さらに病状が進行した場合、人工呼吸器を装着するか否かの選択が必要になりますが、奈良さんは現時点では装着しないという選択をしています。奈良さんの現在の要介護度は5で、発病当初から医療処置が行える事業所（ショートステイ）を利用しています。奈良さんは、病状が進行するなか、「できるだけ施設には入らず自宅にいたい」という希望をもっていました。家族も奈良さんの思いを尊重し、夜間眠れない日が続いても、懸命かつ丁寧に7年間介護してきました。

　一方、奈良さんが利用しているショートステイでは、奈良さんの病状が進行するに伴い職員の負担が増大していることが問題になっていました。その報告を聞いた栃木さんは、ショートステイ側の努力も限界に近いところまできていることを理解するとともに、愛情が深いとはいえ、奈良さんの家族にも相当に重い介護負担がかかっているだろうと思いました。

　ある日、栃木さんがショートステイを利用中の奈良さんの様子を確認に行くと、担当者の奈良さんに対する言葉遣いや態度がぞんざいであり、排泄介助もカーテンを開けたままの状態で行われていました。奈良さんの家族も、こうした職員のかかわりについては知っており、改善し

てほしいという要求を直接担当者に伝えていました。栃木さんも、奈良さんと家族の気持ちを思うと自分もショートステイ側に処遇の改善を求めるべきだということはわかっていました。しかし、もし家族とケアマネジャーの両方から処遇の改善を求められた場合、ショートステイ側から利用を拒否される可能性があり、結果的に奈良さんにとって今以上に不利益な状況になることも考えられ、対応に苦慮していました。

倫理的問題の分析

① 何が倫理的問題なのか

ショートステイの職員のかかわりは、奈良さんと家族の尊厳を傷つけてい

る可能性が高いと考えられます。奈良さんが今後どこで療養するかということと、現に人としての尊厳を脅かしているショートステイの職員への対応は、区別して考えるべきです。栃木さんは、ケアマネジャーとして為すべき優先順位を考える必要があります。

　これまでの事例でも、繰り返し人間としての尊厳を守ることの重要性を述べてきました。どんな人であれ、人として遇され大切に扱われることは当たり前の権利です。その権利が害されている事実を黙認することは、ケアマネジャーとしての信頼を損なうことにつながります。

② なぜ、このような問題が起こるのか

　奈良さんのように、進行性の難病があり自宅療養をしている利用者の場合、家族は介護保険サービスを利用して介護をしていくことになります。病状の進行に伴い、求められる介護レベルも高くなりますが、そうした高いレベルの介護を提供できる施設ばかりではなく、奈良さんが利用している介護事業所のように、職員が身体的にも心理的にも限界を感じ、追い詰められていくことも少なくありません。そうした職員の思いは、奈良さんへのぞんざいなかかわりといった誤った行動につながっていきます。

　他者との関係性を考えると、波風を立てたくないという思いをもちやすいものですが、それではケアマネジャーに専門性は必要ないということになってしまいます。

③ 倫理的問題への対応

　何度も述べていますが、倫理の根底に流れているもの、それは人間としての尊厳です。通常であれば、自分のことは自分でできるのが当たり前である成人にとって、そうしたセルフケア能力が失われ、他者に依存しなければ生きていけない状況は、それだけで尊厳が傷つくものです。ましてや、奈良さんのように、進行性の難病を患っている場合、徐々に低下していく身体機能

を自分のこととして受け入れること自体、心理的に厳しいものがあるでしょう。そうしたなかで、施設の職員からぞんざいな扱いを受けることで、人間としての尊厳は深く傷つくことになります。それを見ている家族も同様の思いでしょう。

　栃木さんにできることは、想像や思い込みだけで判断するのではなく、家族とショートステイの職員の双方から、現在の状況をどのようにとらえどのような感情をもっているのか、率直な思いを聴き現状を把握することです。

　人を対象とする職業は常に感情のコントロールが求められますが、時間の不足や疲労の蓄積などから、気持ちに余裕がなくなると相手を思いやることが難しくなってしまうものです。

　しかし、ここで立ち止まって考えなければならないのは、どんな状況であっても、人の尊厳を傷つけることをケアマネジャーは見過ごしてはいけないということです。家族とショートステイの職員が奈良さんの利益を第一に考えられるような雰囲気をつくるための関係調整が必要です。

　誰もが、自分を主語にして考えていると相手の立場に立つことが難しくなりますから、まずは相手が今どんな思いなのかを意識的に考えて理解しようとすることが重要です。栃木さんが、まず為すべきことは、奈良さんとその家族、そしてショートステイの職員と対話する時間を意図的に設定することです。そこから、解決へのヒントが得られ、前に進むことを考えることができるのではないでしょうか。置かれた状況のなかで最善を尽くすことこそがケアマネジャーである栃木さんに求められていることだということを心にとめておく必要があります。

　また、仕事上、心理的に追い詰められたときに活用したいのがユーモアです。「つらい、苦しい、にもかかわらず笑うこと」ができれば、不思議と気持ちの余裕が生まれ、前向きの思考ができる可能性が出てきます。できれば、栃木さんは、家族と職員、そして自分自身も気分転換できるような方法を考えてみるとよいでしょう。

> **演習** 介護事業所とのかかわりを振り返ってみよう

演習1

利用者より介護事業所の意向を優先してしまったことはありますか？

例：担当する利用者は、（月・水・金）のデイ利用希望でしたが、同法人のデイの相談員から、枠は空いているけれど、（月）は祝日が多くてスタッフが有休をとりたいから、（火・木・土）にしてほしいと言われて、利用者には空きがなかったと伝え、（火・木・土）にしました。

演習2

介護事業所と利用者の対立に際して、有効だったかかわり方はありますか？

例：要求の多い利用者が訪問介護事業所の努力を理解できないケースで、利用者とケアプランに位置づけるすべてのサービスの担当者にサービス担当者会議に参加してもらい、サービスの範囲や質について話し合い、利用者に納得してもらいました。介護保険の主旨を理解してもらえました。

倫理的感受性を高めるキーワード

- 立場を置き換えてみる
- 対話を繰り返し、共通の意味を見いだす
- 雰囲気を明るくするユーモアの活用

5 制度上の制約から生じるリスクマネジメントにかかわる問題

事例紹介

○愛知さん（42歳・女性）：ケアマネジャー。
○静岡さん（60歳・女性・要介護3）：利用者、パーキンソン症状。

　静岡さんの夫は、長男が1歳の頃に病気で亡くなり、静岡さんは現在、35歳になる長男と同居しています。長男は非正規雇用の会社員で、7時過ぎに出勤し、23時過ぎに帰宅します。仕事は忙しく、土日も休みがとれないこともしばしばです。静岡さんは、仕事で疲れている息子に自分の排泄で失敗した下着の洗濯やトイレの掃除をしてもらうことに申し訳なさを感じており、できればホームヘルパーに洗濯や掃除を依頼したいと思っています。しかし、制度上、家族が同居している場合、生活援助のサービスを受けることに制限があることをケアマネジャーの愛知さんは静岡さんに説明していました。自費サービスであれば利用できますが、静岡さんの経済状態では、生活していくだけで精一杯で経済的なゆとりはありません。

　こうした状況が続くなか、仕事で疲れて帰宅している長男は、静岡さんから、いろいろと用事を頼まれると、仕方がないと思いつつもイライラして、時に大声で怒ったり、無視したりすることもありました。もともと優しい性格で親孝行だった長男の態度が変化したことに気づいた静岡さんは、自分が生きていることで息子に大きな負担をかけているという思いが強くなりました。愛知さんは、静岡さんと長男それぞれがもっている追い詰められたつらい気持ちを理解しており、何とか支援したいと思っていますが、制度上の制約があり悩んでいました。

倫理的問題の分析

① 何が倫理的問題なのか

　本事例の場合、根本的な問題は倫理的なものというより、制度上の問題であり、解決は容易ではありません。しかし、このままの状態を見過ごせば、今後息子がさらに追い詰められ、静岡さんを虐待(身体的、心理的、介護放棄等)するリスクや静岡さん自身が自殺を考える可能性も否定できません。

　ケアマネジャーとして、悪い結果が起こり得ることを予見できる場合は、その回避に向けて最善を尽くす必要があります。

② なぜ、このような問題が起こるのか

　本事例のような問題を取り上げたらわが国の介護現場では枚挙に暇がないのが現状でしょう。介護保険制度だけでなく、経済的な問題や非正規雇用の問題なども絡んで、出口の見えない袋小路のような状態は、決して他人事ではありません。誰でも親の介護は避けて通れない問題です。そして、これは、ケアマネジャー個人の努力だけでは解決困難な問題ともいえます。

③ 倫理的問題への対応

　愛知さんは、すでに起こり得るリスクについては理解できていますので、それを回避するために行動する必要があります。まず、静岡さんの住む地域の保険者が、家族同居の生活援助についてどのような解釈をしているかを確認します。すなわち、静岡さんのようなケースの場合、「全く生活援助は受けられない」「個別の理由に基づき担当ケアマネジャーによって保険者の承認が得られれば可能」「サービス担当者会議を経て必要性があれば可能」といったように、保険者の解釈には幅があるからです。

　次に、保険者の解釈がどうであれ、愛知さんはケアマネジャーとして、家族同居の生活援助を利用しないことによって起こり得るリスクについて検討する必要があります。リスクがある場合、保険者が家族同居の生活援助を一切認めない場合であっても、利用しないことによってリスクが発生する可能性があることを保険者に知らせていくことは、ケアマネジャーとしての重要な責任です。

　また、静岡さんと長男がそれぞれ相手を思いながらも結果的に傷つけ合うことのないように、お互いの気持ちを表出することで理解を深め、共通の目標をもつことができるよう場を設定するなどの対応を考えましょう。ここでも、ユーモアの活用や気分転換できるようにかかわることが大切です。

| 演習 | **制度の問題について言語化してみよう** |

演習1

現状の介護保険制度で利用者のために改善すべきだと思うことはありますか？

例：主治医の意見書の回収の遅れによる認定の遅れは、利用者にとって安心してサービス利用できる権利を必ずしも守れているとはいえないのではないか。

演習2

制度上の制約を打破するために、何か工夫した経験はありますか？

例：訪問介護の生活援助で一定回数を大幅に超えた回数を位置づけていましたが、その必要性、給付の妥当性をサービスの担当者とともにエビデンスと将来予測をそえて保険者に訴え、承認されました。

まとめの演習

演習1

介護保険制度におけるケアマネジャーの存在意義について、話し合ってみましょう。

演習2

ケアマネジャーが専門性を発揮するうえで解決すべき課題について話し合ってみましょう。

演習3

解決策が見えないなかで、状況を変化させるために必要なこととは何か、自身の経験を通して話し合ってみましょう。

6 まとめ

　本章では、「利用者・家族とケアマネジャーとの間で直面する倫理的問題」5事例、「ケアマネジャーの専門職意識にかかわる倫理的問題」8事例、「ケアマネジャーと関連職種間における倫理的問題」5事例、計18事例について倫理的視点から検討してきました。

　事例は3つのカテゴリーに分類していますが、どれも最終的には、ケアマネジャーは利用者のために存在し、その目的は、利用者に最大の利益をもたらすことであるということの確認ができたのではないでしょうか。しかし、その道のりは平坦ではなく、今後ますます問題は複雑化し、利用者と家族との関係だけにとどまらず、関係する職種との価値調整が求められます。その実現に向けてはケアマネジャーとしてどの程度の自律性をもって取り組めるかが鍵となるでしょう。本章における事例検討を参考にして、ケアマネジメント実践に内在する倫理を意識し、確固たる意志をもって責任を果たすことに努めましょう。そうした努力を積み重ねることが、ケアマネジャーの道を選んだことを「誇りに思える」自分に近づく最短の道ではないでしょうか。行動を起こす前にあきらめるのではなく、何かに挑戦する勇気と強い意志をもちたいものです。あきらめるかあきらめないかは、その仕事が好きか否かで決まるのかもしれません。あなたはケアマネジャーの仕事が好きですか？

第 4 章

利用者との信頼関係構築に向けて

第4章では、倫理的な実践を行ううえでの基盤となる信頼関係の構築について学びます。人間関係調整力は、利用者や同僚、ほかの職種との人間関係を形成していくうえで不可欠な能力です。第3章の事例を思い起こしながら、自身の実践を人とのかかわりという観点から振り返ってみましょう。

I 信頼関係とは何か

1 信頼とは何か

　人は他者とのかかわりなしに生活することはできない社会的存在です。そうした他者との関係性について考えるとき、相手と信頼関係を築けるかどうかが大きな鍵になります。では、「信頼」とは何でしょう。辞書を引くと、信じて任せること、頼りにすることといった説明がほとんどです。類義語に「信用」がありますが、「信頼」も「信用」も相手を信じるという意味では共通していますが、信用は一定の実績や事実に対して信じて疑わないといった意味合いで用いられるようです。したがって、ある人が借金をしても返済しなかった過去があれば、「信用」できないということになります。また、毎回、約束した時間を守らなかったり、嘘をつく人は「信用」できないということになります。一方、「信頼」は「信用」を土台として、自分の期待に応えてくれる存在として頼りにする、任せたいと思う気持ちといえるでしょう。もちろん、前述した例でいえば、借金を返さなかった過去があったとしても「今度は必ず返すから私を信じてほしい」と言われた場合に、「全面的に信用はできないけど、もう1回だけあなたを信頼してみる」といった使い方がされることもあります。

　他者からの信頼を得ることも容易なことではありませんが、人間が人間にかかわる仕事をする者にとって、信頼関係の構築なくしては、言葉を相手の心に届けることはできません。まずは、自分が約束を守り、嘘をつかず、誠実に相手と向き合うことを心がけましょう。

2 専門職と利用者との信頼関係

　次に、専門職とその利用者との信頼関係について考えてみましょう。免許や国家資格を必要とする専門職の場合は、免許証をもっていることが信用を得るための1つの根拠となり得ます。たとえば、病院では白衣を着ているだけで、医師や看護師は「免許」をもった専門職として認識されるとともに、職業倫理に基づいた医療や看護を実践してくれる存在として一定の信頼を得ることができます。しかし、実際に医師や看護師とかかわっていく過程で、期待するあるいは任せられるだけの専門的知識・技術や人間性に疑問をもつようなことがあれば信頼を失い、医療者―患者関係は崩れます。信頼関係は一方通行では成立しない、互いに相手の求めに応えることのできる互恵的な関係といえるでしょう。

　このように、人を対象とする専門職にとって、利用者からの信頼を得ることは、職務を遂行するうえできわめて重要です。

　では、ここで以下の質問について考えてみてください。

① 今、あなたが信頼関係が成立していると思う人は誰ですか？　そう思える理由は何ですか？

② 今、あなたが信頼することが難しいと感じている人は誰ですか？　そう思える理由は何ですか？

　あなたのかかわり方は①と②ではどのような違いがありますか？　おそらく、①で思い浮かべた人との関係性においては、ありのままの自分を表現できる、理解してもらえる安心感があり、満たされた気持ちになることでしょう。信頼関係は、手にとることはできないものですが、自分自身は実感することができます。それに対して、②で思い浮かんだ人の場合、一緒にいても自己開示することができない、居心地が悪いといった気持ちになることでしょう。では、あなたは①の人との関係をどのようにして築いてきたのか、コミュニケーションを鍵に考えてみましょう。

II 信頼関係とコミュニケーション

　社会生活を送っていくうえで、他者と信頼関係を築いていくことが重要であることは、誰もが理解しているのですが、それは一朝一夕にできることではありません。介護支援専門員（以下、「ケアマネジャー」という）として、日々、利用者やその家族との信頼関係を築く努力をしていても、思うようにいかないことも少なくないでしょう。たとえば、「利用者と話がかみ合わず、イライラする」、あるいは「何を聞いても答えてくれず、仕事が進まない」と思ったり、利用者や家族から「あなたはもう来なくてもいいから、ケアマネをほかの人に交代して」「あなたは人の話が聞けないのね、信頼できない」と言われた経験はありませんか？

　人と人との関係形成に不可欠なもの、それはコミュニケーションです。ここでは、第3章で取り上げた検討事例ともかかわる人間力が表れるコミュニケーションについて考えていきましょう。

1 コミュニケーションはキャッチボール

　コミュニケーションは、ラテン語の「communis」に由来しており、共通性という意味があります。対人関係におけるコミュニケーションは、送り手が意味のあるメッセージを受け手に伝え、互いにその意味を理解しようとするやりとりです。すなわち、送り手が伝えたいメッセージを受け手が理解し、新たなメッセージを送り手に返すというものであり、このコミュニケーションは双方向的であるという特徴があります。それはキャッチボールにたとえることができます。ケアマネジメントにおけるコミュニケーションでは、先にボールを投げるのはケアマネジャーの役割であり、ボールは受け手

である利用者がうまくキャッチできるように、ボール（媒体）の大きさ、色、速度、角度といった投げる技術が必要となります。その際、自分はケアマネジャーとして、目の前の利用者とどのような関係を築きたいのかということを意識することで、相手に届くボール（メッセージ）を投げることができます。

> 考えてみましょう
>
> あなたは、日頃、ケアマネジャーとして利用者とどんな関係を築きたいと考えていますか？　また、ボール（メッセージ）を相手に届けるために、工夫していることはありますか？

2 相互理解に不可欠なコミュニケーション

　社会的存在である人間にとって、コミュニケーションなくしては他者を理解することも自分を理解してもらうこともできません。コミュニケーションは、専門職だけでなく、すべての人にとって水や空気、食物と同様に必要不可欠なものです。人は所属する文化のなかで、家庭、学校、地域社会における他者とのかかわりを通してコミュニケーション技術を学習し、関係を形成できるようになります[1]。

　しかし、現実には、コミュニケーションが得意な人と苦手な人がいるように、誰もが同じようにコミュニケーション技術を身につけているわけではありません。特に近年の少子化現象やIT（information technology）機器の急速な発達による生活様式の変化に伴う対面型のコミュニケーション不足により、人間関係をうまく築くことができず悩む人が増えています。機械であれば入力した結果を予測することは可能ですが、人間関係におけるコミュニケーションにおいては、「そんなつもりで言ったわけではないのに……」といったように、届けたいメッセージと異なる結果（受け取り方）を招く場合があります。人はこうした状況にうまく対処できないと、不安やストレスを感じ、コミュニケーションに対する苦手意識をもつようになり、人とかかわることは面倒なことだと思うようになることも少なくありません。

3 ケアリング――ともに成長していく関係

　ケアマネジャーと利用者の関係は人間対人間の関係であり、相互に意味のある体験を通して人間的に成長を実感することができるのではないでしょうか。人を対象とするケアマネジャーという仕事の成果は、利用者との関係性のありように大きく影響されることになります。

　人は、病や障害の有無にかかわらず、いかなる状況にあっても人間として

の尊厳を保ち、個人として尊重されることへのニーズをもっています。ケアマネジャーとして、そのニーズに応えることは特別なことではありません。もし、自分が相手の立場であったなら、どれくらいの気遣いや配慮をしてほしいと考えるのか、自分がしてほしいと思うのと同程度の配慮をすればよいのです。

　ケアマネジャーと利用者との関係のあり方を示す重要な概念に**ケアリング**（caring）があります。人間は傷つきやすく、1人で生きていくことはできない存在であり、ゆえに他者との関係性を求め、時に依存します。ケアは、他者に対する積極的な関心によって形成されるものであり、脆弱な人々や依存を必要とする人々に対して配慮することです。

　哲学者であるメイヤロフ（Milton Mayeroff, 1925-1979）は、1971年に *On Caring*（『ケアの本質——生きることの意味』）[2]を出版しましたが、本書は、その後、人を対象とする職種におけるケアのあり方を検討するうえで大きな影響を与えました。メイヤロフは「ケアにおいては、他者が第一義的に大事なものである。すなわち、他者の成長こそがケアする者の関心の中心なのである」[3]と述べ、「ケアする者は、他者の成長を手助けできるだけの力がなければならない」[4]としています。まさに、ケアすることとは、「相手の成長と自己実現を助ける」ことであり、自身がケアしたと思っても、相手の成長につながっていなければ、ケアしたとはいえないのです。このようにケアの本質について述べたメイヤロフはケアには8つの要素が必要であるとしています（**表4-1**）。一方で、メイヤロフは、人は他者をケアすることを通して、自己の存在、生きることの意味を知ることができ、自身もまた成長することができるとしています。

4　対等な関係性

　ケアマネジャーと利用者は、それぞれの役割を通して出会います。しかし、その役割に対する思いは大きく異なります。「ケアマネジャー」という

表4-1　ケアの8要素

要素	解　説
知識	他者をケアするためには、その人はどんな人なのか、ニーズにどの程度応えられるのか、能力や限界について知る。
リズムを変えること	習慣に従ってケアするのではなく、結果に照らしてうまくいかない場合は、次の行動を修正する。
忍耐	相手の状況に応じて、その人が考えをまとめたり、感じたりする時間的余裕をつくる。
正直	自分自身と正直に向きあい、心を開く。
信頼	相手の成長とケアする自分を信じて任せる。
謙遜	ケアする相手から学び続ける。自分が相手より優位な立場にいるとは考えない。
希望	ケアすることを通して、相手が成長していくことを信じる。
勇気	相手がどう成長するのかわからないとき、相手の成長の可能性を信頼する。

　役割は、職業として自らその役割を選択するのに対して、「利用者」という役割は、日常生活を自立して行うことが困難となり、やむを得ず介護保険サービスに頼らざるを得ないところから生じるものです。ケアマネジャーには、不安や苦悩を抱え傷つきやすい利用者を全人的に理解し、援助する役割がありますが、そこには、援助する人とされる人の関係が形成されることになります。ケアマネジャーの専門職意識が低い場合、援助する側の利用者に対するまなざしが上から下へと向けられ、利用者との関係には勾配が生まれることもあります。その結果、利用者は、無神経で配慮のないケアマネジャーの態度や言葉によって尊厳を傷つけられることになります。

　他者を理解し、思いや気持ちに寄り添うことは容易ではありませんが、役割がなければ出会うこともかかわることもなかったかもしれない人を援助することを期待されているのが、ケアマネジャーという職業なのです。

III 言語的コミュニケーションと非言語的コミュニケーション

1 コミュニケーションの要素

　コミュニケーションの基本的な要素は、送り手、メッセージ、媒体、受け手の4つがあり、それぞれ次のような意味をもっています。

表4-2　コミュニケーションの要素

送り手	受け手に向けてメッセージを送る。
メッセージ	情報や思考、感情などを送り手が受け手に伝えようとする意味内容である。
媒体	送り手が受け手にメッセージを伝えるときに用いる具体的な手段である。
受け手	送り手からのメッセージを受け取り、それを自分なりに解釈し判断する。

　コミュニケーションは、1対1、または、1対複数の間で、情報や思考、感情などを交換し、メッセージを共有することで互いを「理解する」ことです。メッセージの交換を行い、互いを理解し合う過程で心理的な距離は近づいていきますが、この過程が前述した信頼関係を形成することになります。
　視覚、聴覚を主とした五感を通して交換されるメッセージには、言語（音声や文字）によるものと、それ以外の表情、身体の動きなどの非言語によるものがあります。送り手がメッセージを正確に送るために大切なことは、受け手の立場に立ち、置かれている状況や理解力に配慮し、相手のペースに合

わせることです。また、受け手がメッセージを正確に受け取るためには、観察する力や送り手に意識を集中させる聴く力が求められます。

2 言語的コミュニケーション

言語的コミュニケーション（verbal communication）とは、言語を用いてメッセージを伝えるコミュニケーションです。人は成長過程を過ごした時代や文化のなかで言語を理解し、他者とコミュニケートする能力を獲得していきます。言語は、他者に自分の考えや気持ち、感情をメッセージとして伝える有効な道具です。

しかし、同じ時代や文化のなかで生活していたとしても、必ずしも送り手の意図することが正しく受け手に伝わるとは限らないところにコミュニケーションの難しさがあります。たとえば、ケアマネジャーが利用者に「今回あなたは、○○の支援を受けることができますよ。安心してください」と伝えたとします。この場合の「受けることができます」という言葉は利用者によってさまざまに解釈されます。ある利用者は、「○○のような支援を受けなければいけない身体になってしまったのか」と落胆し、別の利用者は、「受けられる支援はこれだけなのか」と受け止めるかもしれません。このように、送り手は、意図したメッセージを送ることはできたとしても、それを受け手がどのように解釈し意味づけするかということまではわからないことも少なくありません。

また、送り手が「ちゃんと書いたのに……」「ちゃんと言ったのに……」と思っても、受け手にそのメッセージが伝わっておらず一方通行のコミュニケーションで終わっていることが意外に多いものです。特に高齢者の場合、聴力低下で聞こえにくい、説明された意味内容がわからないのにわかったように答えたり、笑顔でうなずいたりすることもあります。なぜ、そうした反応をするのか、その理由としては、聞き返すのが恥ずかしい、面倒だから、手間を取らせたくない、聞き返してもわからないだろうといったことが考え

られます。ケアマネジャーが説明責任を果たしたといえるのは、利用者が説明した内容を理解できた場合のみだということを認識しておく必要があります。

このように、言語的メッセージを正確に伝えるためには、相手が書かれたものが読めること、話したことが聞こえることが最低限必要です。

そのためには、基本的に、笑顔でゆっくり、はっきり話すことを心がけましょう。利用者に対するケアマネジャーの「言ったつもり」「書いたつもり」は「聞いていない」「読んでいない」といったコミュニケーションの齟齬を生むことも少なくないことを理解しましょう。また、次に述べる非言語的メッセージの観察も含めて確認することが大切です。

3 非言語的コミュニケーション

非言語的コミュニケーション（nonverbal communication）の媒体としては、表情、姿勢、声の調子、ため息、ジェスチャー、動作、距離、服装、外観などさまざまなものがあります。特に、人間の感情と密接に関連している表情は、非言語的コミュニケーションの媒体として重要です。表情のなかでも、目は「あたたかいまなざし」や「冷たい視線」といったように、人の感情を強く反映しているといえるでしょう。

非言語的メッセージの特徴は、言語によるメッセージとは異なり、意図的にコントロールすることは容易ではないということです。たとえば、挨拶する場合、相手によい感情をもっている場合は、声も明るく自然に笑顔になりますが、苦手意識をもっていると、下を向いたままであったり、笑顔をつくってもこわばってしまったりといった違いが表れてしまいます。

また、人の行動にはその人にとっての意味があります。したがって、ケアマネジャーは、利用者から送られてくるさまざまな非言語的メッセージ、特に表情、声の抑揚、身体の動きなどに関心を寄せることが大切です。なかでも言動の不一致やメッセージの矛盾に気づくことは、相手を理解するうえで

重要な意味をもちます。たとえば、ケアマネジャーが利用者に介護サービスに関する説明をした後に「理解していただけましたか？」と聞き、利用者が「はい、わかりました」と答えたとします。しかし、利用者の表情に明らかな戸惑いがみられたり、そわそわしていたりする場合、言動の不一致があると考えられます。このような場合、利用者は、自分の考えや気持ちを言語で率直に表現することはできないものの無意識に非言語的メッセージとして送っているといえるでしょう。

　ケアマネジャーは、書類を作成することに気をとられて、利用者が送ってくれる重要な非言語的メッセージを見落とすことのないようにしましょう。また、適宜、笑顔で「何か、お聞きになりたいことや確認したいことはございませんか、どうぞ遠慮なくお聞きになってください」といったように、利用者が発言しやすい環境を提供することも大切です。

dia
IV コミュニケーションを深めるために

1 自分を理解する

　ケアマネジャーが他者を理解するためには、まずは自分自身を理解する必要があります。なぜなら、人は自分を理解するようにしか他者を理解することはできないからです。同様に、他者を理解することによって自分自身の理解も深まるというのも事実でしょう。人間が人間に働きかけるケアマネジャーにとって、最も重要なことは、自分であれ他者であれ、人間に対する「関心」をもつことでしょう。

　あなたは自分自身をどのように理解していますか？　表4-3の「ジョハリの窓」を用いて分析してみてください。

　「ジョハリの窓」は、アメリカの心理学者であるルフト（Joseph Luft）とインガム（Harry Ingham）によって共同開発されたコミュニケーションの分析モデルです[5)6)]。本モデルは、自己と周囲との関係性を4つの窓によって図式化したものです。

表4-3　ジョハリの窓

	自分が知っている	自分が知らない
他者が知っている	Open self 開放の窓	Blind self 盲点の窓
他者が知らない	Hidden self 秘密の窓	Unkwon self 未知の窓

出典：久瑠あさ美『ジョハリの窓――人間関係がよくなる心の法則』朝日出版社、p.35、2012年をもとに作成

信頼関係を構築するには、どの窓を広げていけばよいと思いますか？　答えは、「開放の窓」です。この窓が小さければ小さいほど、コミュニケーションは貧弱なものとなりますので、まずはこの窓を広げる努力が必要です。この窓が大きくなることで、自身に対する自己と他者のイメージが一致しますので、コミュニケーションは円滑に進みます。

　次に、「盲点の窓」を小さくする努力をします。他者に指摘されて初めて自分の知らないところに気づく経験があると思いますが、そうした指摘を謙虚に受け止めましょう。他者がわかっていて、自分はわかっていないことについて、他者の意見をよく聞き学ぶことで自分自身を知ることができます。

　さらに、「秘密の窓」は、自分はわかっているけれど他者には隠している窓ですが、自己を開示してありのままの自分を見せる勇気をもつことも必要です。自分をわかってもらう努力をしましょう。

　最後に、「未知の窓」ですが、これは自分も他者もわかっていないところです。どこかで自分を抑圧しているのかもしれません。新しい自分を発見する勇気をもって行動してみることも必要です。

2　他者への関心をもつ

　「相手の立場に立つ」というのは容易ですが、完全に相手と同じ立場に立つことはできません。しかし、相手の世界から見たらこの現象はどのように見えるのだろうかと感じたり、考えたりすることはできます。コミュニケーションは、メッセージに込められた意味を交換するプロセスですが、大切なことは相手の気持ちを「わかりたい」、自分の気持ちを「伝えたい」という思いです。

　そのためには、次のような点に注意しましょう。

① 　相手に関心をもつ
　人間にとって最もつらいのは、他者に無視されることであるといわれてい

ます。それは、自分が存在していることに対して、まったく関心を示されないということであり、深く傷つくことになります。

コミュニケーションは、相手に関心を寄せることから始まります。関心をもつことができれば、相手が自分に何を伝えようとしているのかを理解する努力をすることができます。

② 先入観や偏見を意識する

人は、相手に関する情報を得た時点から、自分の価値観や嗜好、過去の経験と照らして先入観や偏見をもつ傾向があります。

たとえば、写真のような視覚的情報があれば、その印象から「明るそうな人」や「怖そうな人」といった先入観をもったり、年齢や性格、趣味などの情報から相手に対する好感度や印象が異なってくることがあります。また、担当予定の利用者について、「68歳、男性、脳外科術後のリハビリ、会社経営」という情報を得た場合、「この年齢で、この疾患で、高い地位にある人は、指示的で頑固な人かもしれない」といったように事前の情報で利用者をイメージしてしまうことがあります。

こうした先入観や偏見をもたないほうがよいのでしょうが、完全に取り除くことは困難です。したがって、利用者とコミュニケーションがスムーズにいかないと思ったときには、先入観や偏見が影響していないかということについて、自分自身と対話してみる必要があります。そうすることで、自分の傾向に気づくことができ、それを意識することで自身の感情を調整することもできるようになり、コミュニケーションのとり方にも変化が生まれるでしょう。

3 専門職としての自覚

利用者が自分の価値や感情に気づき、それに対処できるように援助するためには、ケアマネジャー自身にもその能力が求められます。

ケアマネジャーは、コミュニケーションを通して、利用者の経験や価値、強みを理解するとともに、利用者自身がその力を最大限に発揮できるように支援する必要があります（**表4-4**）。

表4-4　コミュニケーションの技法

技法	内容	例・条件など
しっかり聴く active listening	相手を理解するためには、耳を傾けて話を聴くことが大切である。相手が自分の考えや思いを率直に語れるように聴く	相手に関心をもち、自分の気持ちを整えて聴く環境を整える
自由な質問 broad opening	幅のある問いかけをすることで相手は自分で話題を選択することができる	利用者に「仕事のことがお困りですか？」より「今、気がかりなことはどのようなことですか？」と問う
繰り返し restating	相手の話の要点を繰り返して述べることで、相手は自分の話を聴いてくれていることを確認できる	利用者が「昨日は、リハビリを頑張ろうと思っていたのに、急用ができて予定の変更が続いて結局リハビリができずに残念だった」と話したら、「昨日は予定外のことが起こってリハビリができずに、残念だったのですね」と反復する
はっきりさせていく seek clarification	相手が暗に仄めかしていることや曖昧な点を明確な言葉に置き換えて述べることで、メッセージの内容を共有できる	利用者が「病院に行きたいけど、1人では行けないし、誰に言えばいいかわからないし、行かなくてもいいのかもしれないけど」と話したら、「病院に同行してくれる人を探しているということですか」と確認してみる

投げ返し reflection	相手の話を聴いて理解した内容を簡潔明瞭な言葉に置き換えて述べることで、話の内容を明確化できる	利用者が「昨日、久しぶりに息子から電話があったけど、出られなくて何かあったのか、またかけてくるのか」と話したら、「息子さんと連絡を取りましょうか」と返してみる
焦点合わせ focusing	相手に問題となっていることを詳細に話してもらえるように助け船を出し、問題を焦点化していく	「このまま在宅で過ごすか、施設入所を検討するかを考えていらっしゃるように思いますが、いかがですか」と聞いてみる
知覚的認識の相互確認 sharing perception	相手のメッセージを自分自身が正確に理解しているか確認する	「『わかりました』とおっしゃいましたが、私には不安が大きいように思えるのですが、いかがですか」と返してみる
沈黙 silence	沈黙の意味はいくつかあるが、沈黙は、相手が思考を整理したり、洞察力を深める機会となる	沈黙に耐え、相手に関心をもっている態度で待つ
ユーモアの感覚 sense of humor	ユーモアによって場の雰囲気を和ませたり、相手の緊張を解きほぐすことができる	その場にいる人が受け入れられる質のよいユーモアを用いる
代案の提示 suggesting	問題に対する自分のアイディアを提案し、選択肢の幅を広げる	「それなら、少し費用はかかりますがレンタルすることもできますよ」と提案してみる
情報提供 informing	相手が必要としている情報を提供し、共有することで、信頼が深まる	「病院の検査予約時間は変更できますので、お知らせしましょうか」

コミュニケーションを円滑に進めるため、以下にあげた点について留意しましょう。

① よい聴き手になること

利用者とよい関係を築くうえで重要なことは、利用者の話を傾聴することです。聞く（hear）は、相手が言っていることをそのまま受け取ることですが、聴く（listen）となると、相手が言わんとしていることは何かを心を傾けて考え、深いレベルでメッセージを受け止めようとすることであり、大きな違いがあります。ケアマネジャーが自分の質問したいことばかりを考えていると、利用者の真の声に気づかないのです。まずは、目の前の相手に関心をもち、語りに集中することが大切です（次頁のcolumn参照）。

利用者は、自分の話を聴いてもらえていると思うだけで元気になることもあります。効果的な聴き方の基本として、相手を見る、ほほ笑む、目が合ったり内容が理解できたりしたときはうなずくといった表現を用いて、自分が聴いていることを利用者にわかってもらえるように伝えるとよいでしょう。

② 心を開く挨拶と言葉遣い

挨拶はコミュニケーションの基本であり、人間関係を円滑にします。明るく、ハキハキとした気持ちのよい挨拶は、相手の警戒心を解き、心を開くことにつながります。挨拶することは、相手の存在を認め敬意をもっていることを伝えるメッセージとなり、コミュニケーションを発展させるきっかけになるでしょう。

また、利用者に対する適切な言葉遣いは、ケアマネジャーが専門職としての品性を保つうえで重要です。ケアマネジャーがどのような言葉遣いをするかによって周囲の評価も異なってきます。相手と状況に応じた適切な尊敬語、丁寧語、謙譲語を使うことを心がけましょう。

また、利用者を励ましたり、勇気づけたいときに効果的な方法として上昇表現があります。たとえば、リハビリテーションで効果が上がった利用者に

column 聴いてください　看護師さん（Listen, Nurse）

ひもじくても、わたしは、自分で食事ができません。
あなたは、手の届かぬ床頭台の上に、わたしのお盆を置いたまま、去りました。
その上、看護のカンファレンスで、わたしの栄養不足を、議論したのです。
のどがカラカラで、困っていました。でも、あなたは忘れていました。
付き添いさんに頼んで、水差しをみたしておくことを。
あとで、あなたは記録につけました。わたしが流動物を拒んでいます、と。
わたしは、さびしくて、こわいのです。
でも、あなたは、わたしをひとりぼっちにして、去りました。
わたしが、とても協力的で、まったくなにも尋ねないものだから。
わたしは、お金に困っていました。
あなたの心のなかで、わたしは、厄介ものになりました。
わたしは、1件の看護的問題だったのです。
あなたが議論したのは、わたしの病気の理論的根拠です。
そして、わたしをみようとさえなさらずに。
わたしは死にそうだと思われていました。
わたしの耳が聞こえないと思って、あなたはしゃべりました。
今晩のデートの前に美容院を予約したので、
勤務のあいだに、死んでほしくはない、と。
あなたは、教育があり、りっぱに話し
純白のぴんとした白衣をまとって、ほんとにきちんとしています。
わたしが話すと、聞いてくださるようですが、耳を傾けてはいないのです。
助けてください。
わたしにおきていることを、心配してください。
わたしは、疲れきって、さびしくて、ほんとうにこわいのです。
話しかけてください。
手をさしのべて、わたしの手をとってください。
わたしにおきていることを、あなたにも、大事な問題にしてください。
どうか、聴いてください。看護師さん。

出典：Ruth Johnston, R.N., *American Journal of Nursing*, p. 303, 1971.

対しては「機能が回復してきていますね。あともう少しですよ」というのが上昇表現であり、「まだ、回復には時間がかかりそうですね。もっとリハビリテーションが必要です」というのは下降表現です。

③ 質問の方法

質問には、質問された相手が自由に答えられるように、答え方に制限を設けない「開かれた質問（open question）」と相手が「はい」か「いいえ」あるいは「A」か「B」と答えられるよう範囲を限定した「閉じられた質問（closed question）」があります。それぞれの質問の方法には次のようなメリットとデメリットが考えられます。

表4-5　質問の方法によるメリットとデメリット

	開かれた質問	閉じられた質問
メリット	相手が答える量や質（内容）を決定できるので、話を引き出したいときや対話を深めることができる	知りたい事実を明らかにし、回答に時間を要さない
デメリット	時間的制約がある場合や相手が自己開示をすることに抵抗がある場合は適さない	話を展開したり深めたいときには適さない

4 ユーモアと笑顔

笑い（ユーモア：humor）や笑顔は人が生きていくうえで欠かせないコミュニケーションの道具です。ドイツでは、「ユーモアとは《～にもかかわらず》笑うことである」とされており、忙しいあるいはつらく苦しい状況である、にもかかわらず、相手を思いやり、ほほ笑みかけるといったやさしい心づかいを意味します[7]。時に、やさしい笑顔やユーモアは、多くの言葉よ

> column
>
> **ユーモアに関するエピソード**
>
> 　ある患者が病室のドアに「この部屋へお入りになる方は、笑顔でお入りくださいませ」と貼り紙をしたところ、とても忙しそうにしていた看護師たちが笑顔であいさつをして入ってくるようになった。それは次第に病棟全体に広がり、笑顔の院内感染を起こした。病棟の忙しさは変わらないのに笑顔が増え、それだけで看護師―患者関係、そしてスタッフ間の人間関係がよくなったというエピソードがあります。
>
> 出典：永六輔『伝言』〈岩波新書〉岩波書店、pp.126～129、2004年

りも人の気持ちを明るく前向きにしてくれる効果があります。現場が忙しくて笑っていられないと思うかもしれませんが、忙しい状況のなかでもユーモアを忘れずにいることで笑顔が生まれ、意識して笑顔をつくることで元気が生まれてくることもあります。

　自分の顔は、自分で直接見ることができないため、忙しいと笑顔が消えてしまいがちになりますが、そのことには気づきにくいのです。だからこそ、ケアマネジャーには、利用者の笑顔を引き出せるようなかかわりが求められるのです。ケアマネジャーの笑顔や心温まるユーモアによって救われる利用者や家族は少なくないでしょう。笑う能力は誰もがもっており、ユーモアは、今すぐにでも使えるとても経済的で効果的な技術なのです。

V 非効果的コミュニケーションを避けるために

　非効果的コミュニケーションには、「専門用語を用いる」「相手を批判する」「命令する」「意味のない沈黙をつくる」「話すことを強要する」「誤った元気づけをする」「突然話題を変える」などがあります。

1 専門用語・略語を用いない

　ケアマネジャーの間で専門用語を用いる場合は、言葉の概念を正確に理解したうえでの共通言語となりますから、効果的なコミュニケーションの道具となります。また、略語は専門職間であっても意味が異なることもありますので注意は必要ですが、共通理解ができている職種であれば時間の短縮につながるなどのメリットがあります。

　一方で、利用者に対して専門用語や略語を用いると混乱や不安を招き、正確にメッセージを交換することができなくなります。たとえば、アセスメント、アドボカシー、ケアマネジメント、モニタリング、リスクマネジメント、介護報酬、廃用症候群といった用語やADL、QOL、BPSDといった略語などは、利用者にとってはなじみのない言葉です。利用者は、自分のことを説明されているのにその内容がよくわからない、そんな状況に対してつらい、あるいは不快な感情をもつこともあります。何より、コミュニケーションの目的はメッセージ（意思・感情・思考・情報など）の交換であるはずなのですが、肝心のメッセージの内容がわからなければストレスを与えるだけになってしまいます。

　コミュニケーションの基本は**相手がわかる言葉**で話すことだということを日々意識しておくとともに、「わかりにくい言葉はありませんでしたか」「何

かお聞きになりたいことはございませんか」という言葉をかけることも必要です。

2 相手を批判しない

　ケアマネジャーは自分の価値観や認識を基準にして、自分の憶測で相手を批判することがあります（第3章の事例参照）。自分と他者では、価値観や考え方に違いがあるのは当然であり、自己決定権は利用者本人にあることを常に意識しておくことが大切です。「あなたの考えや行動は間違っている」と言われたら、利用者はすべてを否定されたと思い、心を閉ざしてしまうかもしれません。基本的に人は、自分の考えや行動を正当化したいと考えています。したがって、相手の価値観や考え、行動を受け入れるのが難しいことがあるかもしれませんが、そのときはすぐに言葉や態度に出すことなく、なぜそうした価値観や考え方をもつように至ったのかを相手の立場から考えてみることで、自分とは異なる他者を理解することにつながります。ケアマネジャーに期待されているコミュニケーション力とは、批判ではなく理解するための努力です。

　専門職としてのケアマネジャーがなすべきは、利用者や家族を理解し、望ましい方向へと行動を変容してもらうことではないでしょうか。

3 根拠のない慰めをしない

　悩みを抱えていたり、気持ちが落ち込んでいる利用者を励ますときにも慎重さが必要です。本当の元気づけとは、事実に基づくものです。「心配しないで、よくなるから」といった根拠のない慰めは、逆に利用者からの信頼を失うことにもなります。

　時々、コミュニケーションを学習した人から、「落ち込んでいる友達がいたので、共感して慰めました」といった言葉を聞くことがありますが、これ

は、上辺だけの言葉遊びのようなもので、相手の心に響かないばかりか、逆に怒りを買ってしまうことにもつながりかねません。慰めたり励ましたりするときは、相手の事情をよく理解してからにしましょう。ただし、誰もが事情を話してくれるとは限りませんし、深入りしないでほしいと思っていることもあります。そんなときは、「ただそばにいる」ことが大きな力になることもあります。

　こんな例があります。ある日、ケアマネジャーは、胃ろうを造設する計画が進んでいた利用者から、「胃ろうをつくることで話が進んでいるけど、嫌なんだよね。そんなの生きているっていえるのかな」という言葉を聴きました。ケアマネジャーは、どうしてよいかわからず落ち込んで下を向いている利用者の手を握っていました。言葉で慰めるのでなく、利用者に寄り添うことで自分のメッセージを伝えたのでした。その利用者は不安で心細い気持ちに寄り添ってくれたケアマネジャーから元気をもらい、医師と家族に「胃ろうはつくらない」と意思表示することができました。

　また、励ます際に、ほかの利用者と比べてみたり、がんばっている利用者に、「がんばってください」と言うのは、体力や気力が落ち込んでいるときには非効果的な励ましになります。

4　命令しない

　利用者とケアマネジャーとの関係は対等ですが、時に利用者の言葉や振る舞いが自分の計画やペースとズレたりすると、つい「この前と話が違いますね。決めたとおりにしてください」「どうしてそんなことをするのですか、ダメでしょう。やめてください」といった命令口調になることがあります。

　自分が利用者に発した「早く決めて！」という不適切な言葉に対して、「この言葉は利用者を傷つけるかもしれない」と気づくことのできる感受性を失ってしまったら、ケアマネジャーとして利用者からの信頼を得ることは難しいといえるでしょう。なぜなら、その言葉にあらわれるケアマネジャー

の心はストレートに利用者に伝わるからです。そうした自分の内面に気づくことができなければ、利用者の尊厳を守ることはできず、もはやケアする存在とはいえないでしょう。

5 話すことを促すことなく、沈黙を大切にする

　沈黙が怖くて相手に話すことを促したり、自分が話し続けるという人がいますが、もっと沈黙の意味について考えてみましょう。なぜなら、沈黙は効果的なコミュニケーション技法の1つだからです。コミュニケーションは、キャッチボールだと述べましたが、ボールを投げる準備も受ける準備もできていない相手に、ボールを投げるよう促してもうまくいかないものです。

　もし、あなたが沈黙に対して苦手意識があるとしたら、それは相手に対して「何か嫌なことを言ってしまったのだろうか」「話が退屈なのだろうか」「私と話をしたくないのかな」など、1人で気を揉んでいろいろ考えてしまうからかもしれません。

　しかし、沈黙は思考を深めたり、整理したりするうえで重要な時間です。相手が自分を拒否しているという態度を示していない限り、話を促したりせず、また、話題を変えたりすることなく、効果的な時間として活用しましょう。その際、相手に関心をもっていること、聴く準備はできていることを非言語的メッセージとして伝えるようにするとよいでしょう。

VI チームアプローチにおけるコミュニケーション

　介護サービスは専門職がチームで取り組むものです。利用者を中心としたサービスを実現するためには、チーム内のコミュニケーションが重要です。

1 専門職としての責務

　ケアマネジャーが専門職であるならば、健全な自己主張をするのは当然のことであり、むしろ積極的に行うべきでしょう。自己主張と利己主義は違います。自己を表現できる人は他者の権利を守り、批判を受け入れることができるようになります。自分の考えや思いを表現できない人が他者の気持ちを引き出したり、傾聴したりすることは難しいのです。自己主張することは悪いことではなく、利用者に最善のサービスを提供する専門職としてのケアマネジャーの責務ともいえます。コミュニケーションのボールは投げてみなければ、伝えたいメッセージは相手には届きようがないのです。発言しなければ、他者に理解してもらうことはできず、主張しなかったということは了解したとみなされてもしかたがないのです。自己主張できるケアマネジャーは、専門職としての責務を積極的に果たせるようになり、困難な状況のなかでも実行できる妥協点を見いだす努力を続けることができるでしょう。

2 利用者第一主義

　職種が違えば解決すべき問題に対するとらえ方も異なるということは十分考えられることです。それは、ケアマネジャー、介護福祉士、医師、看護師、理学療法士といったそれぞれの職業がもつ価値観、哲学に対するとらえ

方の違いからくることもあり、どれが正しいとか間違っているなどとはいえないのです。大切なことは、利用者の自立と安寧に向けてチームのエネルギーを注ぐことです。利用者の健康、幸福といったチームがめざすべき目標を確認し、それぞれが専門職の立場から率直に意見を述べることができる環境をつくる必要があります。

3 率直に話し合える関係

　コミュニケーションの不足から誤解や偏見が生まれます。「どうせ、わかってもらえない」「価値観が違うから」というのではなく「どうしたら利用者の利益につながるか考えたい」という気持ちを意識してもつようにしましょう。対話することで初めて「そうなんだ、そんな考え方もあるんだ」といったように、ほかの職種に対する理解も深まります。
　ここで、会話と対話の違いについて考えてみましょう。

表4-6　会話と対話の違い

会話	対話
・複数あるいは多数の間で行われる ・価値観や考え方の違いはあえて議論せずに円滑な人間関係を維持しようとする ・関係は深まらない	・お互いの考え方や価値観の相違を回避せず、正面から向き合い話し合うことでお互いの理解、考えを深めることを目的とする ・傾聴が求められる

4 アサーション

　人間関係をスムーズにすることと相手に対して従順であることとは異なります。**アサーション**（assertion）は、相手の権利を侵すことなく、自分の権利を肯定的に述べる言語的コミュニケーションの技法です。相手の立場も

大切にしつつ、自己主張を効果的に用いることで、対人関係の誤解を防いで、そこから生まれる葛藤を解消・緩和することができます。専門職として自己主張ができるということは、自身が成熟のレベルにあるということです。アサーティブコミュニケーションスキルを身につけたいけれど、どうしたらよいかわからない場合は、アサーショントレーニングを受けてみるとよいでしょう。しかし、すぐにできることから取り組みたい人は、次のことを意識してみましょう[8]。

① 「No」と言うことを恐れない
② 自分の思うこと、考えたことを言う
③ 相手の話をよく聴く
④ 自分のボディランゲージを観察する
⑤ 自信をもち、肯定的イメージをつくる
⑥ 相手に拒絶されることを恐れない

5 エンパワメント

　チームアプローチにおいては、自分も相手も大切にできる主体的な人間関係を築くことが大切です。そのためには、コミュニケーションの能力を高めて、自分も相手もエンパワーできることをめざしましょう。

　エンパワメント（empowerment）とは、力をつけること、主体的に行動できるような能力を身につけ、パワーアップしようとする概念です。人間が本来もっている潜在能力を信じ、自分と相手がもつ本当の力を引き出すかかわりをすることです。相手をわかりたいと思う気持ちがケアマネジャーのコミュニケーションをよりよいものに変化させていきますが、利用者が自己の力で問題を解決していけるようエンパワーするためには、次のような点について留意しましょう。

- 利用者自身が目標を選択し、行動の主導権・決定権は利用者がもつ
- 問題点・解決策は利用者自身で考え、失敗や成功を分析する

- 問題解決過程に利用者の参加を促し、個人の責任を高める

　問題を解決するためには、チームで協働することが不可欠であり、そのプロセスに利用者自身が主体的に参加できる環境を整える必要があります。

【引用・参考文献】

1）宮脇美保子「第2編　看護の共通基本技術　第2章　コミュニケーションの技術」深井喜代子編『新体系看護学全書　基礎看護学②　基礎看護技術Ⅰ』メヂカルフレンド社、pp.160〜175、2010年
2）メイヤロフ, M. 著、田村真・向野宜之訳『ケアの本質——生きることの意味』ゆみる出版、1987年
3）2）に同じ、p.68
4）2）に同じ、pp.75〜76
5）Luft, J., *Group Processes : An introduction to group dynamics*, National Press, 1963.
6）森時彦『ザ・ファシリテーター——人を伸ばし、組織を変える　ビジネススキルupストーリー』ダイヤモンド社、2004年
7）デーケン, A.「第9章　悲嘆のプロセス——残された家族へのケア」デーケン, A.・メヂカルフレンド社編集部編『〈叢書〉死への準備教育　第2巻　死を看取る』メヂカルフレンド社、pp.255〜274、1986年
8）Raudsepp, E., '6 steps to becoming more assertive', *Nursing*, 21(3), p.112, p.114, p.116, 1991.

第5章

事例検討会や研究で配慮すべき倫理的視点

第5章では、事例検討会や研究で配慮すべき倫理的視点について解説します。

I 事例検討会における基本的配慮

1 基本的な配慮

1 専門職にとっての事例検討会

　近年、介護支援専門員（以下、「ケアマネジャー」という）が参加する事例検討会の裾野が広がっています。法律で定められた事業等によって行われる法定研修や地域包括支援センターや行政が行う地域ケア会議のほか、任意のものとして職能団体、事業所や医療機関が主催する事例検討会等があります。それだけ事例検討会はケアマネジャーにとって有益だということがいえるでしょう。事例検討会ごとに開催目的やテーマ、参加メンバーも多様で、その成果は、利用者の課題解決に向けた方策の模索、ケアマネジャーをはじめ多職種の資質向上や連携ネットワーク推進、あるいは事例検討会を開催する側の企画力、ファシリテーション力の向上等、多岐にわたります。

　「介護支援専門員　倫理綱領」（以下、「倫理綱領」という）では「専門的知識と技術の向上」が掲げられているように自己研鑽に励み、仲間と切磋琢磨していく姿勢が求められています。また事例検討会は、ケアマネジャーだけでなくほかの職種も含めて行うことができますので、「他の専門職との連携」について、客観的な視点から検討することができます。一事例から地域課題へと視野を広げ解決策を検討することは、多職種や地域の住民等とともに「地域包括ケアの推進」「より良い社会づくりへの貢献」に寄与することもできます。事例検討会は、ケアマネジャーが専門職としての価値を再確認できる有益な機会となっているといえるでしょう。

本節では、地域ケア会議、事例検討会のいずれにも共通する配慮について述べています。「事例検討会」と表記しますが、地域ケア会議も同様にとらえてください。

表5-1　事例検討会で期待できる効果

事例提供者	事例をまとめる力が向上する
	事例を振り返る力が向上する
	課題の解決について他者からの意見が得られる
	プレゼンテーション力が向上する
参加者	事例分析力が向上する
	他者の視点、解決の方策が学べる
	質問の方法や引き出し方等、面接力が向上する
	効果的なプレゼン方法について学べる
ファシリテーター	事例分析力が向上する
	ファシリテーション力が向上する
	事例検討会の全体性を分析する力が向上する
主催者	企画・運営力が向上する
	（事前準備、各立場の者への配慮、リスク管理、リスク発生時の対応等）

　事例検討会に参加することには多くの魅力がある一方で、留意しなければならないこともあります。事例検討会は個別の事例を検討するという特性から、利用者や関係者の詳細な情報まで共有することになります。特に、個人情報の取り扱いについて法的、倫理的な配慮が求められます。
　個人情報とは、生きている個人に関する情報であって、氏名や生年月日等により特定の個人を識別できるもの、またはほかの情報と簡単に照合することができて、それによって、特定の個人を識別できるものです。

2　事例検討会の種類・主催者

　さまざまな事例検討会があるなかで、「事業所内検討会」は、居宅介護支援事業所内で行われますので、個人情報については特別の配慮を要しません。しかし、それ以外の事例検討においては、契約している居宅介護支援事業所以外の人を交えて行いますので、個人情報の取り扱いに関する注意が必要です。では、同法人内の事例検討会はどのように考えたらよいでしょうか。介護保険法上の届出は、同法人であっても他事業所という扱いになります。利用者は事業所ごとに契約しますので、利用者からみれば同法人であっても契約関係がなければ他事業所となります。これは**表5-2**に照らし合わせると、居宅介護支援事業所（外部共有）、サービス事業所（外部共有）に該当します。

　事例検討会の参加者には、事例提供者、ファシリテーター（または司会・スーパーバイザー等）、企画・運営者等です。このなかで個人情報の取り扱いに留意すべきなのは誰でしょうか。事例検討会で取り扱う事例の情報は、対象となる利用者、事例提供者、事例提供者の所属する事業所や関連する事業所に関する情報も取り扱いますが、事例検討シートに記載されている以外にも検討の過程で開示される情報もあります。

　地域で行う場合には、固有名詞は出さなくても事業所や人物を識別できる項目が含まれる可能性がありますので、事例検討にかかわるすべての人が事前の準備、検討会で知り得た個人情報に関する漏洩がないよう情報の取り扱いに関するルールが必要です。事例検討で参加者が求めてもよい情報は、「事例で検討する課題の解決のために必要」な内容に限定する必要があります。事例提供者はどこまでの情報を事例検討会で開示・共有（記載、口頭発表、質問への応答）するか吟味しましょう。参加者による興味本位の質問、検討事例に対する感情（疲れ、腹立ち、困難度を理解してほしい）からの情報開示の要求は必要ないものですから、慎重に対応しましょう。

　次に、主催者別にみる対応について考えてみましょう。

表 5−2　事例検討会の種類と主催者

事例検討会の種類	主催者
法律に規定されている事業等で行う事例検討会等	
ケアマネジャー法定研修	都道府県
地域ケア会議	市町村・地域包括支援センター
包括的・継続的ケアマネジメント支援業務	地域包括支援センター
任意の事例検討会	
職能団体等の研修会	職能団体
社会福祉協議会の研修会	社会福祉協議会
居宅介護支援事業所（事業所内）	事業所
居宅介護支援事業所（外部共有）	事業所
サービス事業所（外部共有）	事業所
医療機関の勉強会	医療機関
所属を超えた任意の集まり	法人格をもたない任意集団

① 行政主体の事例検討会と個人情報保護

　行政やその委託先が主催者となる事例検討会では、個人情報の取り扱いについて、すでに主催者によって取り決められているのが一般的です。たとえば、利用者の同意やマスキングの方法、検討会における情報の取り扱いに至るまで検討会の主旨や参加者の特性に合わせて整理され、事前に示されています。ケアマネジャーや参加者は、主催者によって示された留意事項に従って事例検討会に参加します。ただし、主催者が提示した留意事項では十分に個人情報が保護されないおそれがあると判断した場合には、主催者に相談しましょう。

② 任意の事例検討会と個人情報保護

「任意の事例検討会」では、特に主催者が主体的に個人情報の保護が行われるよう働きかけます。「内輪の事例検討会」「気心が知れている」「堅苦しくやらなくてもいい」といった姿勢で臨んだとしたなら、そのこと自体、個人情報が保護されにくい環境をつくり出すことになります。情報を扱われる利用者の立場からみると、信頼するケアマネジャーに話した情報が自分の知らない人たちに漏洩されてしまうことを想定していないでしょう。「どうせ利用者や家族にはわからないから」「そんなことを気にするような利用者じゃないから」「認知症だし理解できないから」「私だったら気にしない」といった考えは、ケアマネジャーの個人的な価値観に基づいた判断であり、ケアマネジャーとしての職業倫理に反します。ケアマネジャーが「自分１人くらいいいだろう」「ちょっとだけだから」と軽く考えて行う行為が、結果的にはケアマネジャー全体に対する社会の信頼に影響してしまうことを意識しましょう。

個人情報の取り扱いは倫理綱領のなかでは「秘密保持」「法令遵守」に該当します。適切な情報管理に基づく運営は、利用者や関係者の権利や利益を守る態度を具現化しています。ケアマネジャーは連携のハブ機能を担い、多くの情報を取り扱う職業特性があります。ゆえに、気心の知れた仲間との任意の事例検討会でも、しっかりと情報管理することで、ケアマネジャーへの信頼をいっそう高めることができるでしょう。

③ 事例検討会の主催者と個人情報保護

事例検討会の主催者は、「個人情報の漏洩防止」「事例検討会の枠組みの設定」など基本的枠組みを設定します。事例検討会で、自由に発言できる環境、事例の登場人物（当日参加・不参加にかかわらず）の立場が守られるルールと雰囲気づくり、明確な学びを得るための事例検討会の主旨や目的、参加者設定等があげられます。

表5-3　事例検討会の主催者が整理しておくこと

事前	○個人情報の取り扱いに関するルールの整理 ・事例提出の具体的なルール（利用者の同意、提出様式、記載項目と記載方法等） ・漏洩事故発生時の対応 ・事例提供者への事前の説明
当日	・参加者全員への個人情報の取り扱いに関する説明と共有
事故発生時	○個人情報が漏洩した場合の対応 ・事前の取り決めの範囲で対応できるかの確認 ・対応できない場合には、事案への個別の対応策を即時検討 ・今後の対応についての検討および改善

　事前準備では、事例提供者に対して、事例検討の主旨やテーマに沿って、どのような書式で、どのような情報を提出してもらうか検討します。それが決定すれば個人情報の対象となる情報項目、項目ごとの記号化の方法、マスキングの範囲と方法等が想定できます。こうしたルールは文書に記載しますが、箇条書きと項目ごとに具体的な例を示すとわかりやすくなります。わかりやすさは、個人情報の漏洩リスクの低減にもつながります。個人情報において、符号化した場合、個人が特定されることのないように細心の注意が必要です。たとえば、鈴木太郎さんをS.Tさんとした場合（**表5-4**の記号化（指示1））は、Aさんとする（**表5-4**の記号化（指示2））より特定される可能性は高くなります。

表5-4　氏名の暗号化に関する指示と記載方法の相違について

氏名	続柄	記号化（指示1）	記号化（指示2）
鈴木　太郎	夫	夫のS.T	夫A
鈴木　花子	妻	妻のS.H	妻B
鈴木　次郎	長男	長男のS.J	長男C
佐々木　梅子	長女	長女のS.U	長女D

限定された地域の事例検討会で、連想されるイニシャルを用いたとすれば、どの家庭の話なのかが想定される可能性があります。これは、大都市であっても職業や生活歴などの情報が加わると、個人の識別につながる可能性があります。最近では、テレビ会議、遠隔システム、インターネット配信など、小さな単位で行う会議や事例検討会も一瞬にして広範囲に発信できる時代です。主催者は開催しようとしている事例検討会のテーマ、参加者、地域の状況、情報の共有（情報の配信先）の範囲等を勘案し、個人が特定できないよう、どれだけの準備と対応が必要か検討しておく必要があります。

　ここで、「要配慮個人情報」の取り扱いについて述べます。**要配慮個人情報**とは、取り扱いに細心の注意を払う必要のある「人には知られたくない情報」を意味します。個人情報のうち、本人の「人種・信条、社会的身分、犯罪歴、犯罪被害」の事実等が含まれます。事例検討会では、時折、検討を行うために必要な情報として利用者の宗教や過去の犯罪歴などの機微情報を共有する場合もありますが、その情報の取り扱い方によっては、本人にとって不当な差別や偏見が生じてしまう可能性もあります。このような情報を取り扱う場合には、本当にこの事例検討会で共有する必要性があるのか、必要性があると判断した場合、慎重に吟味しなければなりません。特に、守秘義務を負う専門職だけでなく近隣住民、インフォーマルサポートの担当者等を交えて行う事例検討会では、細心の配慮を要します。本人も交えて行うサービス担当者会議等では、事例検討の場で共有してもよい情報の範囲を事前に確認しておきましょう。事例検討会が終了した後で「言ってほしくなかった」と本人に言われれば、ケアマネジャーと本人の信頼関係は崩れ、最悪の場合には支援関係が破綻することもあり得ます。本人の権利と利益を守るという観点から、一言で「個人情報」といっても、特に注意を要する「要配慮個人情報」であるかどうかを確認しながら配慮していきましょう。

　次に、事例検討会の準備と当日の対応について述べます。

1）事例検討会前に留意すべきこと

　事例発表者から事例検討シートが提出されたら、主催者として行うことが

あります。事例検討シートは、主催者から事例提供者へ依頼した提出事例の書き方に基づいているか、併せて事例検討シートを読む過程で情報の記載方法を工夫したほうがよいところはないか、といった点からの確認も必要です。

たとえば、事例の登場人物の職業の記載について「会社名ではなく職種で記載」というルールを示せば多くの場合は対応可能です。しかし、たとえば「蒔絵師(まきえし)」「バイオリニスト」等の場合はどうでしょうか。事例検討シートに職業とともに家族構成、出身地が記載されていると、個人を識別できるおそれがあります。したがって、事前にルール化した項目だけでなく、実際に提出された事例検討シートを確認して初めて修正が必要な箇所を発見できることもあります。また、個人情報を含めずに記載（またはマスキング）したつもりでも、見落とすこともありますので提出された事例検討シートでは次の項目について確認しましょう。

☐ルールどおりに記号化されているか
☐ルールどおりに記号化されていてもほかの情報と照合することによって、個人を識別できる情報が含まれていないか
☐見落としを防ぐために、2人以上で確認する体制をつくっているか
等の配慮。

最後にあげた「2人以上で確認する」は、忙しい業務を抱えつつ、なかなか大変ですが、利用者の権利と利益を守ることは当然ながら、もし個人情報が漏洩した場合には、事業所はその対応に追われて日常業務が滞る、場合によっては懲役、罰金、損害賠償等を負うリスクもあります。事前に複数の人で確認しておくほうが、結果として業務を滞らせない予防策にもつながるでしょう。

2）事例検討会当日に留意すべきこと

事例検討会当日、個人情報の取り扱い、事例検討シートの取り扱い（回収の要否）、事例検討シート以外で当日の発言の留意点、知り得た情報について事例検討終了後に口外しないこと等について、参加者全員に周知し、了解を得ます。これらの説明は主催者またはファシリテーター等が行うことにな

りますが、どちらがその役割を担うのか事前に取り決めておきましょう。その場で突然「あなたが説明してください」と言われても、適切にもれなく説明できるものではありません。しっかりとした準備こそが適切な運営・実行を可能とします。利用者等の権利や利益を守り、事例提供者が責任を果たせる環境をつくることは、主催者の役割です。

個人情報の取り扱いに関して事例検討会当日に共有することを以下にあげてみます。

- 個人情報の取り扱いについて
- 事例検討シート回収の要否　※開始前に伝える
- 当日の口頭質問・発言での留意点
    - 検討に必要ではない利用者情報の共有は不要であること
    - 事例検討会で知り得た情報を終了後においても口外しないこと
    - その他、共通認識が必要な事項

> **column　事例検討シートを回収する場合のワンポイント**
>
> 事例検討シートを回収する場合には、事例検討会が始まる前に参加者に伝えておきましょう。確実に回収するための工夫は、事例検討会の終了の挨拶の前に回収すること、配付するすべての事例検討シートにあらかじめ通し番号を振っておくことなどです。回収後は通し番号で確実に回収できたかを確認できます。さらに通し番号のついた事例検討シートを席順に配付すれば、（ロの字型でできる事例検討会の規模なら）誰にどの番号の事例検討シートが配付されていたかわかりますので、仮にその場で回収できない場合でも後で連絡することができます。

個人情報の漏洩の予防は、事例検討会の前の準備段階までのチェック体制がポイントです。事例検討シートに個人情報が含まれていないか、個人情報とほかの情報の照合で個人を識別できないかなどの視点で確認します。それでも、事例検討での個人情報漏洩は後を絶ちませんが、どのようなことが起こっているのでしょうか。

- 事例検討シートの記載に個人情報（氏名や住所）がマスキングされず残っていた
- 複数の情報を照合することで個人を識別できた場合
- 氏名その他の情報を誤って発言した場合

　もし、個人情報が漏洩してしまった場合には、誠実に、迅速に対応していく必要があります。まず個人情報に関する取り決めがある場合は、規定に基づいて対応します。取り決めがない場合、あるいは取り決め以外のことが発生したら、その状況下で最善の方法をとれるように努めます。

　たとえば、マスキング漏れがあった場合、速やかに事例検討シートを回収し、マスキングしたものを再配付すべきですが、時間的にそうした対応は難しいこともあります。そこで現実的には、

- 発覚後すぐに主催者より各参加者に個人情報に該当する箇所をマスキングしてもらうよう依頼する
- 発覚した時点で、主催者より事例検討会終了後、事例検討シートを回収することを参加者に説明し了解を得る
- 事例検討会終了後は、事例検討シートを確実に回収する

などの対応をとります。

　情報管理の責任は、事例発表者である事例提供者の所属する事業所にありますので、主催者、事例提供者は、事業所の管理者と相談して今後の対応を検討します。

④　ファシリテーターの役割と個人情報保護

　事例検討会では、主催者がファシリテーターの役割を引き受ける場合と、主催者とは別の人や法人に依頼する場合があります。主催者とファシリテーターが同じであれば、事例検討会のことはよく理解していますが、主催者とファシリテーターが別の人の場合には、**表5-5**のような項目（例）について事前に説明する必要があります。

　ファシリテーターは事例検討会の開催時間内は、その事例検討の円滑な進

表5-5　主催者からファシリテーターに伝えておく事項の例

- 事例検討会の主旨、目的
- 事例検討会の参加者や職種、定期開催であるか等
- 事例検討会のルール
  ※参加者の上限数、机やいすの位置、使用する様式、進め方、事例提供者や参加者に求めていること
- 事例検討会の具体的な進め方と時間配分、主催者との役割分担
- 今回の事例提供者に関する簡単な情報、必要な配慮がある場合にはその内容
- 事前に事例を読み込んでもらう場合には、事例検討シートを事前に渡す
- 個人情報が漏洩した場合のファシリテーターの役割と対応方法
  ※主催者がすぐに対応するのか、ファシリテーターに一次対応を依頼するのか。その場合の一次対応とは？
- 事例検討会を開催中に主催者が同席するか否か
  ※不在にする時間帯がある場合には、突発的な事態が起きた場合の連絡先をあらかじめ伝えておく等

行を請け負っていますので、その事例検討会の主旨に沿った進行を行って、事例提供者や参加者をはじめすべての人が安心して参加できる環境づくり、限られた時間のなかで多くの人に意見を言ってもらいながら時間内に意見集約する役割を担っています。

　高齢者を対象とする事例検討会では、当事者が参加しないことが通例です。専門職の視点からの議論が行われることには、それなりの意味はありますが、利用者不在の事例検討であることを意識する必要があります。仮に利用者や家族の悪口ともとれるような発言が出た場合には、ファシリテーターは、「なぜそのような発言が出るのか」を考えながらも、利用者を悪者にして専門職を正当化するような雰囲気が生じているなら、その流れを軌道修正しなければなりません。

⑤　事例提供者の役割と個人情報保護

　皆さんのなかには事例検討会で事例発表した経験がある人もいると思いま

す。「私の担当ケースをぜひ検討してください！」と発表を志願する場合と、依頼される場合がありますが、その割合は圧倒的に後者のほうが多いのが実情です。事例発表が決まると準備にはそれなりの手間がかかります。事例検討会の主旨を理解できなければ、実際に、どの事例を、どのような観点から課題提示をするのか、情報の匿名性の確保について等の判断ができません。提出事例が決定した後は、倫理綱領の「秘密保持」「法令遵守」、法的には「個人情報保護」の観点から、表5－6の項目例を参考に確認しましょう。

併せて情報の管理責任があるのは事業所ですから、管理者に事例検討会で発表すること、どの事例を発表するのか等も伝え、適切な事例発表ができるように相談したうえで事例発表に臨みましょう。

表5－6　事例発表者が主催者に確認する項目の例

- 事例検討会の主催者
- 事例検討会の目的、定例開催か否か
- 事例検討会の参加者の所属・職種、人数　※オブザーブ参加も確認
- 定例開催の場合、参加者は毎回同じで限定された者か
　※その事例検討会のルールを熟知した者のグループか否かの確認
- 利用者への同意書様式の有無について
- 提出する事例様式について（専用シートの有無、事業所の様式を使用する場合の様式と情報項目の確認等）
- 個人情報保護の具体的な方法の指示の有無、あればその具体的指示内容を確認
- 事例検討会の転用の可能性（報告書掲載、学会発表等）について
  - ➤より広い範囲で不特定多数の人に情報が共有される場合のリスクについて考える
  - ➤情報の取り扱い範囲について利用者への説明と同意を得る
- 事例検討会の配信の有無（テレビ会議、遠隔配信、ネット配信等）について
  - ➤より広い範囲で不特定多数の人に情報が共有される場合のリスクについて考える
  - ➤情報の取り扱い範囲について利用者への説明と同意を得る
- その他所属している地域や法人で確認すべき事項について

依頼元から個人情報の取り扱いのルールが示された場合、それに沿って準備を進めます。もし事業所にもすでにルールがあり、ルールが異なる場合は、管理者に相談し、依頼元、所属法人のどちらのルールに沿うか判断を仰ぎましょう。

依頼元も所属法人もルールが示されていない場合にも、具体的な方法について事業所の管理者に相談しましょう。それでもどうしてよいかわからない場合には、ケアマネジャーの法定研修で示される事例提出のルールはある意味その地域の一般的なルールともいえますので、それを参考にするのも1つです。

⑥ 事業所管理者（主任ケアマネジャー）の役割と個人情報保護

利用者にはそれぞれ担当のケアマネジャーがいますが、契約しているのは、ケアマネジャーではなく事業所ですので、利用者情報の管理も事業所に責任があります。ケアマネジャーが利用者の情報をどのように取り扱っているか、ケアマネジャーの業務の管理は管理者の責任です。

したがって、ケアマネジャーは、事例検討会で発表するときには、事前に管理者に相談する必要があります。事例検討会に限らず、事業所に保管する利用者の情報を外部に持ち出す場合（モニタリング訪問、サービス担当者会議、保険者への相談・報告等も含める）には届出をするルールが必要です。たとえば、どの書類を、どのような目的で、どこに、いつ持ち出し（提出し）、いつ戻したか等を把握できるルールです。口頭で「事例発表しますね」「これ持ち出しますね」と言ったとしても、記憶に頼ったり、言った・言わないという話になりかねません。利用者の個人情報を保護するには日頃から仕組みとして管理方法をつくり、ルール化し、全員が実行できるシステムがなければ実現できません。個人情報の保護のための体制づくりは、管理者の役割です。

表5-7 個人情報持ち出し管理シート（例）

年月日	利用者氏名	書類名	目的	提出先	返却有無	管理者印
'19.4.20	東京太郎様	ケアプラン1.2.3表	事例検討会	A地域包括	無	大阪
'19.4.26	横浜花子様	アセスメント	モニタリング	無	有 '19.4.26	大阪

2 利用者不在の事例検討会の現状と課題

　事例検討会に利用者が出席することは稀です。利用者不在の事例検討会では、時折、利用者の存在を軽視しているような発言もみられます。たとえ利用者がそこにいなくても利用者と家族を尊重して、言葉遣いや議論の方向性を吟味しなければなりません。言葉も態度も利用者が目の前にいればできないことを事例検討会でもしてはならないのです。それは利用者不在の事例検討会での、ケースの提供を承諾してくれた利用者への最低限の礼儀であり、また介護保険の理念でもあります。

　「利用者本位」を理念とし、また倫理綱領に掲げながらも介護保険に関連する事例検討会は、行政が行う地域ケア会議ですら多くは利用者不在の状態で行われています。要介護者は外出が難しいという事情もありますが、出席の希望を確認したり、出席する可能性についての考えがあったでしょうか。事例検討会は、専門職だけで行うものという考えが定着しているようです。その状況に疑問を感じる専門職はどれだけいるでしょうか。事例検討会における「利用者本位」「利用者主体」は、利用者の参加は「難しいから」「大変だから」と支援者側が勝手に結論づけるのではなく、利用者に参加しやすい環境をつくり、参加希望を確認することから、本当の「利用者本位」は始まるのではないかと思います。

　近年、地域ケア会議が法律に規定され、保険者機能強化推進交付金の評価

指標にも地域ケア会議の開催が示されました。また訪問介護（生活援助中心型）のサービスの利用回数について統計的な目安を設け、保険者へのケアプランの届出をケアマネジャーに義務づけるよう指定居宅介護支援等の事業の人員及び運営に関する基準（運営基準）に規定されました。地域ケア会議の意味合いは、当初と異なってきました。特に、行政としてケアプランの妥当性を検討する会議ではケアプランの主人公である利用者を地域ケア会議に招く環境整備が必要です。利用者は事例の提供に同意はしたものの、実際には自分の知らないところで自分について難しい話が展開され、「行政を交えた会議でこういう結論になりました」と「提案」という「結論」だけ伝えられます。この結論に異を唱えながらその地域に暮らし続けることができる勇気ある住民はどれほどいるでしょうか。どんなによい提案であっても、本人を抜きにして議論されたものは、意思決定の重要なプロセスを欠いており、倫理的観点からみれば必ずしも適切といえません。あなたの地域では、利用者による自由な意思決定はなされていますか。

　ケアマネジャーは、地域ケア会議で「利用者の生活の現場と実態を知っている者」としてしっかりと状況と利用者の意向を伝える責任がありますし、介護保険の「利用者主体」が貫かれるよう、利用者の意思決定を支援する責務があります。保険者機能の強化は、利用者や住民と保険者の対話の強化、ケアマネジャーや事業所と保険者の対話の強化であらねばなりません。地方分権の醍醐味が、事例検討会や地域ケア会議の場でも具現化され、専門職の提案が適切に理解されたうえでの「利用者本位」「利用者主体」の実現に向けてできることから始めましょう。

Ⅱ 研究における倫理的配慮

　本節では研究活動に関する倫理に焦点をあてています。研究者の研究活動は、**研究倫理**（Research ethics）を遵守することなく実施することはできません。研究倫理に反した研究活動を行った場合、その結果として研究成果の有効性が根底から失われるのみならず、社会的責任が問われることとなり、最終的には、研究者としての生命も脅かされることになります。

　ケアマネジメント領域においては、わが国の実情を踏まえたケアマネジメントの理論化、体系化が急がれるところであり、2001（平成13）年7月には「一般社団法人日本ケアマネジメント学会」が、「学際的な研究の推進、国際的研究交流の推進、技術の教育、相互研鑽、社会啓発活動を通じて、質の高いケアマネジメントを実現し、もって、支援等を必要とする人々の生活の質を高め、豊かな地域社会の創造に資することを目的」として設立されています。今後は、さらなる学際的研究の推進が期待されるところですが、研究を行うにあたっては研究倫理に関する理解がなければ、研究する資格さえないということを十分認識しておきましょう。

1 研究倫理とは

　研究倫理は、これまで述べてきた倫理の原則を研究に適用したものですが、閉鎖的とされてきた医療の研究で求められているのは、その透明性を高めることです。研究活動は、適正な方法と手続きに基づいて行われるべきであり、研究者には、社会的責任を深く認識したうえで、研究の計画から、実施、成果公表に至るすべての過程において、科学的合理性・倫理的妥当性に基づいて、研究を実施することが求められています。すなわち、研究倫理

は、研究者が行う研究活動にあたり守るべき職業倫理であるとともに、公正な社会を担保するうえで求められる社会規範の1つです。

しかしながら、これまでさまざまな研究倫理指針が公表されてきましたが、いまだ、研究不正（Scientific Misconducts）に関する事件は後を絶たず、研究倫理の遵守はますますその重要性を増しています。記憶に新しく、マスコミ報道でも大々的に取り扱われた研究不正事件として、2014（平成26）年に起きたSTAP細胞論文問題があります。本論文は、発表当初はきわめて高い評価を受けていましたが、その後、掲載された画像や実験の追試による検証ができない等の疑問が次々とあがりました。しかし、研究者から納得できる回答は得られず、最終的にはネイチャー誌への論文は撤回されました。研究は多くの研究者のこれまでの知見の積み重ねの上に存在するものであり、その根底が覆されるということは、関係する研究者だけでなく社会に対しても信頼を失うほどの影響を及ぼすことになります。

本事件では、研究者の研究ノートに、実験プロセスが詳細に記載されていなかったことが大きな問題となりました。それ以降、研究ノートは、実験、調査、観察の結果に関しては研究プロセスがわかるように、日時を入れて保存することが要求されるようになりました。研究者はもちろん大学院生も研究のプロセスがわかるよう研究資料などを保存し、疑問を抱かれた際には、資料をもとに回答できるよう備えるようになりました。

2014（平成26）年8月、文部科学省は「研究活動における不正行為への対応等に関するガイドライン」を公表し、**表5-8**にあげる捏造（Fabrication）、改ざん（Falsification）、盗用（Plagiarism）を特定不正行為とし、2015（平成27）年4月以降に報告を受けた特定不正行為を公開することにしました。

研究活動における不正行為は、一般的に、告発窓口に通報あるいは申し立てが行われます。その後、所属機関に設置された調査委員会等により、告発事項に関する調査が行われ、不正行為にあたるか否かが判断されます。

表5-8　特定不正行為

捏造 (Fabrication)	研究計画、倫理審査、実施、成果発表に際し、存在しないあるいは事実と異なるデータや結果をつくり出して、記録、発表すること
改ざん (Falsification)	研究資料、機器、過程を操作したり、研究データや研究結果を真正ではないものに変更あるいは削除して加工すること
盗用 (Plagiarism)	他の研究者のアイディア、分析方法、データ、研究結果、論文や用語等を当該研究者の承諾を得ることなく、あるいは適切に文献表示することなく流用すること
その他	同じ研究成果を重複して発表したり、論文著作権が適正に公表されない不適切なオーサーシップ（authorship）などがある

出典：「研究活動における不正行為への対応等に関するガイドライン」（平成26年8月26日文部科学大臣決定）をもとに作成。http://www.mext.go.jp/b_menu/houdou/26/08/__icsFiles/afieldfile/2014/08/26/1351568_02_1.pdf

2 研究における倫理的配慮

　研究活動における倫理的配慮について考えてみましょう。研究には、人を対象とする研究とそうでない研究がありますが、倫理的配慮は前者の研究において特に重要です。なぜなら、研究においては研究の被験者・参加者の権利や利益を守ることが最優先されるからです。ゆえに、研究者には、相手の立場に立った細やかな配慮が求められます。研究を行ううえでの具体的な倫理的配慮に関しては、研究倫理に関する指針や倫理綱領などがあります。基本原則は、第1章で紹介したベルモント・レポート（p. 38参照）がよりどころになりますが、わが国においても研究倫理指針が公表されています。対人援助職であるケアマネジャーの研究においても重要な指針となります。

3 研究倫理指針

研究倫理指針は、国、所属機関、学会などから公表されていますが、人を対象とする研究を行う研究者が基本的に守るべき指針があります。

- 文部科学省・厚生労働省「人を対象とする医学系研究に関する倫理指針」
（平成26年12月22日告示、平成29年2月28日一部改正）

本指針は、人を対象とする医学系研究に携わるすべての者が遵守すべき事項を定めています。その目的は、倫理の根源といえる人間の尊厳ならびに人権を守り、適正な研究の推進を図ることです。

本指針における医学系研究には、医科学、臨床医学、薬学、看護学、リハビリテーション学等とともに、介護・福祉分野で行われる個人の健康に関する情報を用いた量的・質的研究が含まれます。したがって、研究を開始し、進めるにあたっては、研究計画から成果発表に至るまで、研究者として遵守すべき事項について十分理解しておく必要があります。

研究倫理では、研究対象者の安全と人権を守ることを基本とし、介護分野の科学的合理性と倫理的妥当性を確保することが求められます。本指針は**表5-9**のように構成されています。

介護・福祉分野では、日本介護福祉学会が介護福祉実践の理論的・実践的向上をめざして行う研究活動について、その研究倫理のあり方を示すことを目的に研究倫理指針を公表しています。関連する看護分野では、適正な研究活動が推進されることを意図し国際看護師協会が1996年に「看護研究のための倫理指針（Ethical Guidelines for Nursing Research）」を、2004（平成16）年には日本看護協会が「看護研究における倫理指針」を公表しています。

ケアマネジャーは基礎資格がさまざまであり、研究できる大学院も整備されておらず、研究者も少ないのが現状です。しかし、本書でも取り上げてきたように、ケアマネジャーが抱える課題は多く、今後は、研究を推進し知見

を積み重ね、実践の質を向上させていくことが重要です。

表5-9 「人を対象とする医学系研究に関する倫理指針」の構成

章	内容
第1章	総則：目的及び基本方針、用語の定義、適用範囲
第2章	研究者等の責務等：研究者等の基本的責務、研究責任者の責務、研究機関の長の責務
第3章	研究計画書：研究計画書に関する手続、研究計画書の記載事項、研究に関する登録・公表
第4章	倫理審査委員会：倫理審査委員会の設置等、倫理審査委員会の役割・責務等
第5章	インフォームド・コンセント等：インフォームド・コンセントを受ける手続等、代諾者等からインフォームド・コンセントを受ける場合の手続等
第6章	個人情報等及び匿名加工情報：個人情報等に係る基本的責務、安全管理、保有する個人情報の開示等、匿名加工情報の取扱い
第7章	重篤な有害事象への対応：重篤な有害事象への対応
第8章	研究の信頼性確保：利益相反の管理、研究に係る試料及び情報等の保管、モニタリング及び監査
第9章	その他：施行期日、見直し
附則	

出典：文部科学省・厚生労働省「人を対象とする医学系研究に関する倫理指針」（平成26年12月22日告示、平成29年2月28日一部改正）http://www.mhlw.go.jp/file/06-Seisakujouhou-10600000-Daijinkanboukouseikagakuka/0000153339.pdfをもとに作成

【参考文献】
・「研究活動における不正行為への対応等に関するガイドライン」（平成26年8月26日文部科学大臣決定）
　www.mext.go.jp/b_menu/houdou/26/08/__icsFiles/afieldfile/2014/08/26/1351568_02_1.pdf

巻末資料

- 医の倫理綱領
- 看護者の倫理綱領
- 人生の最終段階における医療・ケアの決定プロセスに関するガイドライン
- 医療・介護関係事業者における個人情報の適切な取扱いのためのガイダンス（抄）

医の倫理綱領

2000年4月1日　日本医師会

　医学および医療は、病める人の治療はもとより、人びとの健康の維持もしくは増進を図るもので、医師は責任の重大性を認識し、人類愛を基にすべての人に奉仕するものである。

1．医師は生涯学習の精神を保ち、つねに医学の知識と技術の習得に努めるとともに、その進歩・発展に尽くす。

2．医師はこの職業の尊厳と責任を自覚し、教養を深め、人格を高めるように心掛ける。

3．医師は医療を受ける人びとの人格を尊重し、やさしい心で接するとともに、医療内容についてよく説明し、信頼を得るように努める。

4．医師は互いに尊敬し、医療関係者と協力して医療に尽くす。

5．医師は医療の公共性を重んじ、医療を通じて社会の発展に尽くすとともに、法規範の遵守および法秩序の形成に努める。

6．医師は医業にあたって営利を目的としない。

看護者の倫理綱領

2003年　日本看護協会

前文

　人々は、人間としての尊厳を維持し、健康で幸福であることを願っている。看護は、このような人間の普遍的なニーズに応え、人々の健康な生活の実現に貢献することを使命としている。

　看護は、あらゆる年代の個人、家族、集団、地域社会を対象とし、健康の保持増進、疾病の予防、健康の回復、苦痛の緩和を行い、生涯を通してその最期まで、その人らしく生を全うできるように援助を行うことを目的としている。

　看護者は、看護職の免許によって看護を実践する権限を与えられた者であり、その社会的な責務を果たすため、看護の実践にあたっては、人々の生きる権利、尊厳を保つ権利、敬意のこもった看護を受ける権利、平等な看護を受ける権利などの人権を尊重することが求められる。

　日本看護協会の『看護者の倫理綱領』は、病院、地域、学校、教育・研究機関、行政機関など、あらゆる場で実践を行う看護者を対象とした行動指針であり、自己の実践を振り返る際の基盤を提供するものである。また、看護の実践について専門職として引き受ける責任の範囲を、社会に対して明示するものである。

条文

1．看護者は、人間の生命、人間としての尊厳及び権利を尊重する。
2．看護者は、国籍、人種・民族、宗教、信条、年齢、性別及び性的指向、社会的地位、経済的状態、ライフスタイル、健康問題の性質にかかわらず、対象となる人々に平等に看護を提供する。
3．看護者は、対象となる人々との間に信頼関係を築き、その信頼関係に基づいて看護を提供する。

4. 看護者は、人々の知る権利及び自己決定の権利を尊重し、その権利を擁護する。
5. 看護者は、守秘義務を遵守し、個人情報の保護に努めるとともに、これを他者と共有する場合は適切な判断のもとに行う。
6. 看護者は、対象となる人々への看護が阻害されているときや危険にさらされているときは、人々を保護し安全を確保する。
7. 看護者は、自己の責任と能力を的確に認識し、実施した看護について個人としての責任をもつ。
8. 看護者は、常に、個人の責任として継続学習による能力の維持・開発に努める。
9. 看護者は、他の看護者及び保健医療福祉関係者とともに協働して看護を提供する。
10. 看護者は、より質の高い看護を行うために、看護実践、看護管理、看護教育、看護研究の望ましい基準を設定し、実施する。
11. 看護者は、研究や実践を通して、専門的知識・技術の創造と開発に努め、看護学の発展に寄与する。
12. 看護者は、より質の高い看護を行うために、看護者自身の心身の健康の保持増進に努める。
13. 看護者は、社会の人々の信頼を得るように、個人としての品行を常に高く維持する。
14. 看護者は、人々がよりよい健康を獲得していくために、環境の問題について社会と責任を共有する。
15. 看護者は、専門職組織を通じて、看護の質を高めるための制度の確立に参画し、よりよい社会づくりに貢献する。

人生の最終段階における医療・ケアの決定プロセスに関するガイドライン

平成30年3月改訂　厚生労働省

1　人生の最終段階における医療・ケアの在り方

① 医師等の医療従事者から適切な情報の提供と説明がなされ、それに基づいて医療・ケアを受ける本人が多専門職種の医療・介護従事者から構成される医療・ケアチームと十分な話し合いを行い、本人による意思決定を基本としたうえで、人生の最終段階における医療・ケアを進めることが最も重要な原則である。

　また、本人の意思は変化しうるものであることを踏まえ、本人が自らの意思をその都度示し、伝えられるような支援が医療・ケアチームにより行われ、本人との話し合いが繰り返し行われることが重要である。

　さらに、本人が自らの意思を伝えられない状態になる可能性があることから、家族等の信頼できる者も含めて、本人との話し合いが繰り返し行われることが重要である。この話し合いに先立ち、本人は特定の家族等を自らの意思を推定する者として前もって定めておくことも重要である。

② 人生の最終段階における医療・ケアについて、医療・ケア行為の開始・不開始、医療・ケア内容の変更、医療・ケア行為の中止等は、医療・ケアチームによって、医学的妥当性と適切性を基に慎重に判断すべきである。

③ 医療・ケアチームにより、可能な限り疼痛やその他の不快な症状を十分に緩和し、本人・家族等の精神的・社会的な援助も含めた総合的な医療・ケアを行うことが必要である。

④ 生命を短縮させる意図をもつ積極的安楽死は、本ガイドラインでは対象としない。

2　人生の最終段階における医療・ケアの方針の決定手続

　人生の最終段階における医療・ケアの方針決定は次によるものとする。

(1) 本人の意思の確認ができる場合
　① 方針の決定は、本人の状態に応じた専門的な医学的検討を経て、医師等の医療従事者から適切な情報の提供と説明がなされることが必要である。
　　そのうえで、本人と医療・ケアチームとの合意形成に向けた十分な話し合いを踏まえた本人による意思決定を基本とし、多専門職種から構成される医療・ケアチームとして方針の決定を行う。
　② 時間の経過、心身の状態の変化、医学的評価の変更等に応じて本人の意思が変化しうるものであることから、医療・ケアチームにより、適切な情報の提供と説明がなされ、本人が自らの意思をその都度示し、伝えることができるような支援が行われることが必要である。この際、本人が自らの意思を伝えられない状態になる可能性があることから、家族等も含めて話し合いが繰り返し行われることも必要である。
　③ このプロセスにおいて話し合った内容は、その都度、文書にまとめておくものとする。

(2) 本人の意思の確認ができない場合
　本人の意思確認ができない場合には、次のような手順により、医療・ケアチームの中で慎重な判断を行う必要がある。
　① 家族等が本人の意思を推定できる場合には、その推定意思を尊重し、本人にとっての最善の方針をとることを基本とする。
　② 家族等が本人の意思を推定できない場合には、本人にとって何が最善であるかについて、本人に代わる者として家族等と十分に話し合い、本人にとっての最善の方針をとることを基本とする。時間の経過、心身の状態の変化、医学的評価の変更等に応じて、このプロセスを繰り返し行う。
　③ 家族等がいない場合及び家族等が判断を医療・ケアチームに委ねる場合には、本人にとっての最善の方針をとることを基本とする。
　④ このプロセスにおいて話し合った内容は、その都度、文書にまとめておくものとする。

(3) 複数の専門家からなる話し合いの場の設置
　上記(1)及び(2)の場合において、方針の決定に際し、

・医療・ケアチームの中で心身の状態等により医療・ケアの内容の決定が困難な場合
・本人と医療・ケアチームとの話し合いの中で、妥当で適切な医療・ケアの内容についての合意が得られない場合
・家族等の中で意見がまとまらない場合や、医療・ケアチームとの話し合いの中で、妥当で適切な医療・ケアの内容についての合意が得られない場合等については、複数の専門家からなる話し合いの場を別途設置し、医療・ケアチーム以外の者を加えて、方針等についての検討及び助言を行うことが必要である。

医療・介護関係事業者における個人情報の適切な取扱いのためのガイダンス（抄）

平成29年4月14日　個人情報保護委員会　厚生労働省

Ⅰ　本ガイダンスの趣旨、目的、基本的考え方　略

Ⅱ　用語の定義等
1．個人情報（法第2条第1項）

> （定義）
> **法第二条**　この法律において「個人情報」とは、生存する個人に関する情報であって、次の各号のいずれかに該当するものをいう。
> 一　当該情報に含まれる氏名、生年月日その他の記述等（文書、図画若しくは電磁的記録（電磁的方式（電子的方式、電磁的方式その他人の知覚によっては認識することができない方式をいう。次項第二号において同じ。）で作られる記録をいう。第十八条第二項において同じ。）に記載され、若しくは記録され、又は音声、動作その他の方法を用いて表された一切の事項（個人識別符号を除く。）をいう。以下同じ。）により特定の個人を識別することができるもの（他の情報と容易に照合することができ、それにより特定の個人を識別することができることとなるものを含む。）
> 二　個人識別符号が含まれるもの

「個人情報」とは、生存する個人に関する情報であって、当該情報に含まれる氏名、生年月日、その他の記述等により特定の個人を識別することができるもの（他の情報と容易に照合することができ、それにより特定の個人を識別することができるものを含む。）、又は個人識別符号が含まれるものをいう。「個人に関する情報」は、氏名、性別、生年月日、顔画像等個人を識別する情報に限られず、個人の身体、財産、職種、肩書等の属性に関して、事実、判断、評価を表す全ての情報であり、評価情報、公刊物等によって公にされている情報や、映像、音声による情報も含まれ、暗号化等によって秘匿化されているか否かを問わない。

また、例えば診療録には、患者について客観的な検査をしたデータもあれば、それに対して医師が行った判断や評価も書かれている。これら全体が患者個人に関する情報に当たるものであるが、あわせて、当該診療録を作成した医師の側からみると、自分が行った判断や評価を書いているものであるので、医師個人に関する情報とも言うことができる。したがって、診療録等に記載されている情報の中には、患者と医師等双方の個人情報という二面性を持っている部

分もあることに留意が必要である。

　なお、死者に関する情報が、同時に、遺族等の生存する個人に関する情報でもある場合には、当該生存する個人に関する情報となる。

　本ガイダンスは、医療・介護関係事業者が保有する医療・介護関係個人情報を対象とするものであり、診療録等の形態に整理されていない場合でも個人情報に該当する。

（例）下記については、記載された氏名、生年月日、その他の記述等により特定の個人を識別することができることから、個人情報に該当する。

　　（医療・介護関係法令において医療・介護関係事業者に作成・保存が義務づけられている記録例は別表1参照）

　○医療機関等における個人情報の例

　　診療録、処方せん、手術記録、助産録、看護記録、検査所見記録、エックス線写真、紹介状、退院した患者に係る入院期間中の診療経過の要約、調剤録　等

　○介護関係事業者における個人情報の例

　　ケアプラン、介護サービス提供にかかる計画、提供したサービス内容等の記録、事故の状況等の記録　等

2．個人識別符号（法第2条第2項）　略

3．要配慮個人情報（法第2条第3項）

（定義）

法第二条

3　この法律において「要配慮個人情報」とは、本人の人種、信条、社会的身分、病歴、犯罪の経歴、犯罪により害を被った事実その他本人に対する不当な差別、偏見その他の不利益が生じないようにその取扱いに特に配慮を要するものとして政令で定める記述等が含まれる個人情報をいう。

令第二条　法第二条第三項の政令で定める記述等は、次に掲げる事項のいずれかを内容とする記述等（本人の病歴又は犯罪の経歴に該当するものを除く。）とする。

一　身体障害、知的障害、精神障害（発達障害を含む。）その他の個人情報保護委員会規則で定める心身の機能の障害があること。

二　本人に対して医師その他医療に関連する職務に従事する者（次号において「医師等」という。）により行われた疾病の予防及び早期発見のための健康診断その他の検査（同号において「健康診断等」という。）の結果

三　健康診断等の結果に基づき、又は疾病、負傷その他の心身の変化を理由として、本人に対して医師等により心身の状態の改善のための指導又は診療若しくは調剤が行われたこと。

四　本人を被疑者又は被告人として、逮捕、捜索、差押え、勾留、公訴の提起その他の刑事事件に関する手続が行われたこと。

五　本人を少年法（昭和23年法律第168号）第三条第一項に規定する少年又はその疑いのあ

る者として、調査、観護の措置、審判、保護処分その他の少年の保護事件に関する手続が
　　行われたこと。
規則第五条　令第二条第一号の個人情報保護委員会規則で定める心身の機能の障害は、次に掲
　　げる障害とする。
　一　身体障害者福祉法（昭和24年法律第283号）別表に掲げる身体上の障害
　二　知的障害者福祉法（昭和35年法律第37号）にいう知的障害
　三　精神保健及び精神障害者福祉に関する法律（昭和25年法律第123号）にいう精神障害
　　（発達障害者支援法（平成16年法律第167号）第二条第一項に規定する発達障害を含み、前
　　号に掲げるものを除く。）
　四　治療方法が確立していない疾病その他の特殊の疾病であって障害者の日常生活及び社会
　　生活を総合的に支援するための法律（平成17年法律第123号）第四条第一項の政令で定め
　　るものによる障害の程度が同項の厚生労働大臣が定める程度であるもの

　「要配慮個人情報」とは、不当な差別や偏見その他の不利益が生じないようにその取扱いに特に配慮を要するものとして法第2条第3項、令第2条及び規則第5条で定める記述等が含まれる個人情報をいう。なお、医療機関等及び介護関係事業者において想定される要配慮個人情報に該当する情報とは、診療録等の診療記録や介護関係記録に記載された病歴、診療や調剤の過程で、患者の身体状況、病状、治療等について、医療従事者が知り得た診療情報や調剤情報、健康診断の結果及び保健指導の内容、障害（身体障害、知的障害、精神障害等）の事実、犯罪により害を被った事実等が挙げられる。

　なお、要配慮個人情報の取得や第三者提供には、原則として本人同意が必要であり、法第23条第2項の規定による第三者提供（オプトアウトによる第三者提供）は認められていないので、注意が必要である。

4．個人情報の匿名化

　当該個人情報から、当該情報に含まれる氏名、生年月日、住所、個人識別符号等、個人を識別する情報を取り除くことで、特定の個人を識別できないようにすることをいう。顔写真については、一般的には目の部分にマスキングすることで特定の個人を識別できないと考えられる。なお、必要な場合には、その人と関わりのない符号又は番号を付すこともある。

　このような処理を行っても、事業者内で医療・介護関係個人情報を利用する場合は、事業者内で得られる他の情報や匿名化に際して付された符号又は番号と個人情報との対応表等と照合することで特定の患者・利用者等が識別されることも考えられる。法においては、「他の情報と容易に照合することができ、それにより特定の個人を識別することができることとなるもの」についても個人情報に含まれるものとされており、匿名化に当たっては、当該情報の利用目的や利用者等を勘案した処理を行う必要があり、あわせて、本人の同意を得るなどの対応も考慮する必要がある。

　また、特定の患者・利用者の症例や事例を学会で発表したり、学会誌で報告したりする場合等は、氏名、生年月日、住所、個人識別符号等を消去することで匿名化されると考えられる

が、症例や事例により十分な匿名化が困難な場合は、本人の同意を得なければならない。

なお、このような学会での発表等のために用いられる特定の患者の症例等の匿名化は、匿名加工情報（Ⅱ5．参照）とは定義や取扱いのルールが異なるので留意が必要である。

さらに当該発表等が研究の一環として行われる場合にはⅠ9．に示す取扱いによるものとし、学会等関係団体が定める指針に従うものとする。

5．匿名加工情報（法第2条第9項）

（定義）

法第二条

9　この法律において「匿名加工情報」とは、次の各号に掲げる個人情報の区分に応じて当該各号に定める措置を講じて特定の個人を識別することができないように個人情報を加工して得られる個人に関する情報であって、当該個人情報を復元することができないようにしたものをいう。

一　第一項第一号に該当する個人情報　当該個人情報に含まれる記述等の一部を削除すること（当該一部の記述等を復元することのできる規則性を有しない方法により他の記述等に置き換えることを含む。）。

二　第一項第二号に該当する個人情報　当該個人情報に含まれる個人識別符号の全部を削除すること（当該個人識別符号を復元することのできる規則性を有しない方法により他の記述等に置き換えることを含む。）。

10　この法律において「匿名加工情報取扱事業者」とは、匿名加工情報を含む情報の集合物であって、特定の匿名加工情報を電子計算機を用いて検索することができるように体系的に構成したものその他特定の匿名加工情報を容易に検索することができるように体系的に構成したものとして政令で定めるもの（第三十六条第一項において「匿名加工情報データベース等」という。）を事業の用に供している者をいう。ただし、第五項各号に掲げる者を除く。

令第六条　法第二条第十項の政令で定めるものは、これに含まれる匿名加工情報を一定の規則に従って整理することにより特定の匿名加工情報を容易に検索することができるように体系的に構成した情報の集合物であって、目次、索引その他検索を容易にするためのものを有するものをいう。

「匿名加工情報」とは、個人情報を個人情報の区分に応じて定められた措置を講じて特定の個人を識別することができないように加工して得られる個人に関する情報であって、当該個人情報を復元して特定の個人を再識別することができないようにしたものをいう。

個人情報から匿名加工情報を作成する場合には、規則で定める基準に従って加工する等一定の制限を受けることとなる。

匿名加工情報の加工基準及び匿名加工情報取扱事業者の定義等については、別途定める「個人情報の保護に関する法律についてのガイドライン（匿名加工情報編）」（平成28年個人情報保護委員会告示第9号）を参照のこと。

6．個人情報データベース等（法第2条第4項）、個人データ（法第2条第6項）、保有個人デー

タ（法第2条第7項）

> （定義）
> **法第二条**
> 4　この法律において「個人情報データベース等」とは、個人情報を含む情報の集合物であって、次に掲げるもの（利用方法からみて個人の権利利益を害するおそれが少ないものとして政令で定めるものを除く。）をいう。
> 　一　特定の個人情報を電子計算機を用いて検索することができるように体系的に構成したもの
> 　二　前号に掲げるもののほか、特定の個人情報を容易に検索することができるように体系的に構成したものとして政令で定めるもの
>
> **令第三条**　法第二条第四項の利用方法からみて個人の権利利益を害するおそれが少ないものとして政令で定めるものは、次の各号のいずれにも該当するものとする。
> 　一　不特定かつ多数の者に販売することを目的として発行されたものであって、かつ、その発行が法又は法に基づく命令の規定に違反して行われたものでないこと。
> 　二　不特定かつ多数の者により随時に購入することができ、又はできたものであること。
> 　三　生存する個人に関する他の情報を加えることなくその本来の用途に供しているものであること。
> 2　法第二条第四項第二号の政令で定めるものは、これに含まれる個人情報を一定の規則に従って整理することにより特定の個人情報を容易に検索することができるように体系的に構成した情報の集合物であって、目次、索引その他検索を容易にするためのものを有するものをいう。

「個人情報データベース等」とは、特定の個人情報をコンピュータを用いて検索することができるように体系的に構成した個人情報を含む情報の集合体、又はコンピュータを用いていない場合であっても、紙面で処理した個人情報を一定の規則（例えば、五十音順、生年月日順など）に従って整理・分類し、特定の個人情報を容易に検索することができるよう、目次、索引、符号等を付し、他人によっても容易に検索可能な状態に置いているものをいう。なお、個人情報データベース等に該当しないものとしては、市販の電話帳や住宅地図などが該当するが、詳細は「通則ガイドライン」を参照されたい。

> （定義）
> **法第二条**
> 6　この法律において「個人データ」とは、個人情報データベース等を構成する個人情報をいう。

「個人データ」とは、「個人情報データベース等」を構成する個人情報をいう。

> （定義）
> **法第二条**
> 7　この法律において「保有個人データ」とは、個人情報取扱事業者が、開示、内容の訂正、追加又は削除、利用の停止、消去及び第三者への提供の停止を行うことのできる権限を有する個人データであって、その存否が明らかになることにより公益その他の利益が害されるものとして政令で定めるもの又は一年以内の政令で定める期間以内に消去することとなるもの以外のものをいう。
>
> **令第四条**　法第二条第七項の政令で定めるものは、次に掲げるものとする。
> 一　当該個人データの存否が明らかになることにより、本人又は第三者の生命、身体又は財産に危害が及ぶおそれがあるもの
> 二　当該個人データの存否が明らかになることにより、違法又は不当な行為を助長し、又は誘発するおそれがあるもの
> 三　当該個人データの存否が明らかになることにより、国の安全が害されるおそれ、他国若しくは国際機関との信頼関係が損なわれるおそれ又は他国若しくは国際機関との交渉上不利益を被るおそれがあるもの
> 四　当該個人データの存否が明らかになることにより、犯罪の予防、鎮圧又は捜査その他の公共の安全と秩序の維持に支障が及ぶおそれがあるもの
>
> **令第五条**　法第二条第七項の政令で定める期間は、六月とする。

　「保有個人データ」とは、個人データのうち、個人情報取扱事業者が、開示、内容の訂正、追加又は削除、利用の停止、消去及び第三者への提供の停止を行うことのできる権限を有するものをいう。ただし、①その存否が明らかになることにより、公益その他の利益が害されるもの、②6ヶ月以内に消去する（更新することは除く。）こととなるものは除く。

　診療録等の診療記録や介護関係記録については、媒体の如何にかかわらず個人データに該当する。

　また、検査等の目的で、患者から血液等の検体を採取した場合、それらは個人情報に該当し、利用目的の特定等（Ⅲ1．参照）、利用目的の通知等（Ⅲ2．参照）等の対象となることから、患者の同意を得ずに、特定された利用目的の達成に必要な範囲を超えて検体を取り扱ってはならない。また、これらの検査結果については、診療録等と同様に検索可能な状態として保存されることから、個人データに該当し、第三者提供（Ⅲ5．参照）や開示（Ⅲ10．参照）の対象となる。

7．本人の同意

　「本人の同意」とは、本人の個人情報が、個人情報取扱事業者によって示された取扱方法で取り扱われることを承諾する旨の当該本人の意思表示をいう（当該本人であることを確認できていることが前提となる。）。

　また、「本人の同意を得（る）」とは、本人の承諾する旨の意思表示を当該個人情報取扱事業者が認識することをいい、事業の性質及び個人情報の取扱状況に応じ、本人が同意に係る判断

を行うために必要と考えられる合理的かつ適切な方法によらなければならない。

なお、個人情報の取扱いに関して同意したことによって生ずる結果について、未成年者、成年被後見人、被保佐人及び被補助人が判断できる能力を有していないなどの場合は、親権者や法定代理人等から同意を得る必要がある。

【本人の同意を得ている事例】
事例1）本人からの同意する旨の口頭による意思表示
事例2）本人からの同意する旨の書面（電磁的記録を含む。）の受領
事例3）本人からの同意する旨のメールの受信
事例4）本人による同意する旨の確認欄へのチェック
事例5）本人による同意する旨のホームページ上のボタンのクリック
事例6）本人による同意する旨の音声入力、タッチパネルへのタッチ、ボタンやスイッチ等による入力

法は、個人情報の目的外利用や個人データの第三者提供の場合には、原則として本人の同意を得ることを求めている。これは、法の基本となるOECD8原則のうち、利用制限の原則の考え方の現れであるが、医療機関等については、患者に適切な医療サービスを提供する目的のために、当該医療機関等において、通常必要と考えられる個人情報の利用範囲を施設内への掲示（院内掲示）により明らかにしておき、患者側から特段明確な反対・留保の意思表示がない場合には、これらの範囲内での個人情報の利用について同意が得られているものと考えられる。（Ⅲ5．(3)(4)参照）

また、患者・利用者が、意識不明ではないものの、本人の意思を明確に確認できない状態の場合については、意識の回復にあわせて、速やかに本人への説明を行い本人の同意を得るものとする。

なお、これらの場合において患者・利用者の理解力、判断力などに応じて、可能な限り患者・利用者本人に通知し、同意を得るよう努めることが重要である。

医療・介護関係事業者が要配慮個人情報を書面又は口頭等により本人から適正に直接取得する場合は、本人が当該情報を提供したことをもって、当該医療・介護関係事業者が当該情報を取得することについて本人の同意があったものと解される。（Ⅲ3．参照）

8．家族等への病状説明

法においては、個人データを第三者提供する場合には、あらかじめ本人の同意を得ることを原則としている。一方、病態によっては、治療等を進めるに当たり、本人だけでなく家族等の同意を得る必要がある場合もある。家族等への病状説明については、「患者（利用者）への医療（介護）の提供に必要な利用目的（Ⅲ1．(1)参照）と考えられるが、本人以外の者に病状説明を行う場合は、本人に対し、あらかじめ病状説明を行う家族等の対象者を確認し、同意を得ることが望ましい。この際、本人から申出がある場合には、治療の実施等に支障を生じない範囲において、現実に患者（利用者）の世話をしている親族及びこれに準ずる者を説明を行う対象に加えたり、家族の特定の人を限定するなどの取扱いとすることができる。

一方、意識不明の患者の病状や重度の認知症の高齢者の状況を家族等に説明する場合は、本

人の同意を得ずに第三者提供できる場合と考えられる（Ⅲ５．(2)②参照）。この場合、医療・介護関係事業者において、本人の家族等であることを確認した上で、治療等を行うに当たり必要な範囲で、情報提供を行うとともに、本人の過去の病歴、治療歴等について情報の取得を行う。本人の意識が回復した際には、速やかに、提供及び取得した個人情報の内容とその相手について本人に説明するとともに、本人からの申出があった場合、取得した個人情報の内容の訂正等、病状の説明を行う家族等の対象者の変更等を行う。

　なお、患者の判断能力に疑義がある場合は、意識不明の患者と同様の対応を行うとともに、判断能力の回復にあわせて、速やかに本人への説明を行い本人の同意を得るものとする。

Ⅲ　医療・介護関係事業者の義務等

１．利用目的の特定等（法第15条、第16条）

> （利用目的の特定）
> **法第十五条**　個人情報取扱事業者は、個人情報を取り扱うに当たっては、その利用の目的（以下「利用目的」という。）をできる限り特定しなければならない。
> ２　個人情報取扱事業者は、利用目的を変更する場合には、変更前の利用目的と関連性を有すると合理的に認められる範囲を超えて行ってはならない。
> （利用目的による制限）
> **法第十六条**　個人情報取扱事業者は、あらかじめ本人の同意を得ないで、前条の規定により特定された利用目的の達成に必要な範囲を超えて、個人情報を取り扱ってはならない。
> ２　個人情報取扱事業者は、合併その他の事由により他の個人情報取扱事業者から事業を承継することに伴って個人情報を取得した場合は、あらかじめ本人の同意を得ないで、承継前における当該個人情報の利用目的の達成に必要な範囲を超えて、当該個人情報を取り扱ってはならない。
> ３　前二項の規定は、次に掲げる場合については、適用しない。
> 　一　法令に基づく場合
> 　二　人の生命、身体又は財産の保護のために必要がある場合であって、本人の同意を得ることが困難であるとき。
> 　三　公衆衛生の向上又は児童の健全な育成の推進のために特に必要がある場合であって、本人の同意を得ることが困難であるとき。
> 　四　国の機関若しくは地方公共団体又はその委託を受けた者が法令の定める事務を遂行することに対して協力する必要がある場合であって、本人の同意を得ることにより当該事務の遂行に支障を及ぼすおそれがあるとき。

(1) 利用目的の特定及び制限

　医療・介護関係事業者が医療・介護サービスを希望する患者・利用者から個人情報を取得する場合、当該個人情報を患者・利用者に対する医療・介護サービスの提供、医療・介護保険事務、入退院等の病棟管理などで利用することは患者・利用者にとって明らかと考えられる。

これら以外で個人情報を利用する場合は、患者・利用者にとって必ずしも明らかな利用目的とはいえない。この場合は、個人情報を取得するに当たって明確に当該利用目的の公表等の措置が講じられなければならない。（Ⅲ２．参照）

医療・介護関係事業者の通常の業務で想定される利用目的は別表２に例示されるものであり、医療・介護関係事業者は、これらを参考として、自らの業務に照らして通常必要とされるものを特定して公表（院内掲示等）しなければならない。（Ⅲ２．参照）

また、別表２に掲げる利用目的の範囲については、法第15条第２項に定める利用目的の変更を行うことができると考えられる。ただし、変更された利用目的については、本人へ通知又は公表しなければならない。（Ⅲ２．参照）

(2) 利用目的による制限の例外

医療・介護関係事業者は、あらかじめ本人の同意を得ないで法第15条の規定により特定された利用目的の達成に必要な範囲を超えて個人情報を取り扱ってはならないが（法第16条第１項）、同条第３項に掲げる場合については、本人の同意を得る必要はない。具体的な例としては以下のとおりである。

①法令に基づく場合

医療法に基づく立入検査、介護保険法に基づく不正受給者に係る市町村への通知、児童虐待の防止等に関する法律に基づく児童虐待に係る通告等、法令に基づいて個人情報を利用する場合であり、医療・介護関係事業者の通常の業務で想定される主な事例は別表３のとおりである。

根拠となる法令の規定としては、刑事訴訟法第197条第２項に基づく照会、地方税法第72条の63（個人の事業税に関する調査に係る質問検査権、各種税法に類似の規定あり）等がある。

警察や検察等の捜査機関の行う刑事訴訟法第197条第２項に基づく照会（同法第507条に基づく照会も同様）は、相手方に報告すべき義務を課すものと解されている上、警察や検察等の捜査機関の行う任意捜査も、これへの協力は任意であるものの、法令上の具体的な根拠に基づいて行われるものであり、いずれも「法令に基づく場合」に該当すると解されている。

②人の生命、身体又は財産の保護のために必要がある場合であって、本人の同意を得ることが困難であるとき

（例）
- 意識不明で身元不明の患者について、関係機関へ照会したり、家族又は関係者等からの安否確認に対して必要な情報提供を行う場合
- 意識不明の患者の病状や重度の認知症の高齢者の状況を家族等に説明する場合
- 大規模災害等で医療機関に非常に多数の傷病者が一時に搬送され、家族等からの問合せに迅速に対応するためには、本人の同意を得るための作業を行うことが著しく不合理である場合

③公衆衛生の向上又は児童の健全な育成の推進のために特に必要がある場合であって、本人の同意を得ることが困難であるとき

（例）
- 健康増進法に基づく地域がん登録事業による国又は地方公共団体への情報提供
- がん検診の精度管理のための地方公共団体又は地方公共団体から委託を受けた検診機関に対する精密検査結果の情報提供
- 児童虐待事例についての関係機関との情報交換
- 医療安全の向上のため、院内で発生した医療事故等に関する国、地方公共団体又は第三者機関等への情報提供のうち、氏名等の情報が含まれる場合

④国の機関若しくは地方公共団体又はその委託を受けた者が法令の定める事務を遂行することに対して協力する必要がある場合であって、本人の同意を得ることにより当該事務の遂行に支障を及ぼすおそれがあるとき

（例）
- 統計法第2条第7項の規定に定める一般統計調査に協力する場合
- 災害発生時に警察が負傷者の住所、氏名や傷の程度等を照会する場合等、公共の安全と秩序の維持の観点から照会する場合

【法の規定により遵守すべき事項等】
- 医療・介護関係事業者は、個人情報を取り扱うに当たって、その利用目的をできる限り特定しなければならない。
- 医療・介護関係事業者は、利用目的を変更する場合には、変更前の利用目的と関連性を有すると合理的に認められる範囲を超えて行ってはならない。
- 医療・介護関係事業者は、あらかじめ本人の同意を得ないで、特定された利用目的の達成に必要な範囲を超えて個人情報を取り扱ってはならない。なお、本人の同意を得るために個人情報を利用すること（同意を得るために患者・利用者の連絡先を利用して電話をかける場合など）、個人情報を匿名化するために個人情報に加工を行うことは差し支えない。
- 個人情報を取得する時点で、本人の同意があったにもかかわらず、その後、本人から利用目的の一部についての同意を取り消す旨の申出があった場合は、その後の個人情報の取扱いについては、本人の同意が取り消されなかった範囲に限定して取り扱う。
- 医療・介護関係事業者は、合併その他の事由により他の事業者から事業を承継することに伴って個人情報を取得した場合は、あらかじめ本人の同意を得ないで、承継前における当該個人情報の利用目的の達成に必要な範囲を超えて、当該個人情報を取り扱ってはならない。
- 利用目的の制限の例外（法第16条第3項）に該当する場合は、本人の同意を得ずに個人情報を取り扱うことができる。

（利用目的を変更する場合の取扱いについてはⅢ2．を参照）

【その他の事項】
- 利用目的の制限の例外に該当する「法令に基づく場合」等であっても、利用目的以外の目的で個人情報を取り扱う場合は、当該法令等の趣旨をふまえ、その取り扱う範囲を真に必要な範囲に限定することが求められる。
- 患者が未成年者等の場合、法定代理人等の同意を得ることで足りるが、一定の判断能力を有

する未成年者等については、法定代理人等の同意にあわせて本人の同意を得る。
- 意識不明の患者や重度の認知症の高齢者などで法定代理人がいない場合で、緊急に診療が必要な場合については、上記(2)②に該当し、当該本人の個人情報を取り扱うことができる。

2．利用目的の通知等（法第18条）

> （取得に際しての利用目的の通知等）
> **法第十八条**　個人情報取扱事業者は、個人情報を取得した場合は、あらかじめその利用目的を公表している場合を除き、速やかに、その利用目的を、本人に通知し、又は公表しなければならない。
> 2　個人情報取扱事業者は、前項の規定にかかわらず、本人との間で契約を締結することに伴って契約書その他の書面（電磁的記録を含む。以下この項において同じ。）に記載された当該本人の個人情報を取得する場合その他本人から直接書面に記載された当該本人の個人情報を取得する場合は、あらかじめ、本人に対し、その利用目的を明示しなければならない。ただし、人の生命、身体又は財産の保護のために緊急に必要がある場合は、この限りでない。
> 3　個人情報取扱事業者は、利用目的を変更した場合は、変更された利用目的について、本人に通知し、又は公表しなければならない。
> 4　前三項の規定は、次に掲げる場合については、適用しない。
> 　一　利用目的を本人に通知し、又は公表することにより本人又は第三者の生命、身体、財産その他の権利利益を害するおそれがある場合
> 　二　利用目的を本人に通知し、又は公表することにより当該個人情報取扱事業者の権利又は正当な利益を害するおそれがある場合
> 　三　国の機関又は地方公共団体が法令の定める事務を遂行することに対して協力する必要がある場合であって、利用目的を本人に通知し、又は公表することにより当該事務の遂行に支障を及ぼすおそれがあるとき。
> 　四　取得の状況からみて利用目的が明らかであると認められる場合

【法の規定により遵守すべき事項等】
- 医療・介護関係事業者は、個人情報を取得するに当たって、あらかじめその利用目的を公表しておくか、個人情報を取得した場合、速やかに、その利用目的を、本人に通知し、又は公表しなければならない。
- 利用目的の公表方法としては、院内や事業所内等に掲示するとともに、可能な場合にはホームページへの掲載等の方法により、なるべく広く公表する必要がある。
- 医療・介護関係事業者は、受付で患者に保険証を提出してもらう場合や問診票の記入を求める場合など、本人から直接書面に記載された当該本人の個人情報を取得する場合は、あらかじめ、本人に対し、その利用目的を院内掲示等により明示しなければならない。ただし、救急の患者で緊急の処置が必要な場合等は、この限りでない。
- 医療・介護関係事業者は、利用目的を変更した場合は、変更された利用目的について、本人

- に通知し、又は公表しなければならない。
- 取得の状況からみて利用目的が明らかであると認められる場合など利用目的の通知等の例外に該当する場合は、上記内容は適用しない。(「利用目的が明らか」な場合についてはⅢ1.(1)を参照)

【その他の事項】
- 利用目的が、本規定の例外である「取得の状況からみて利用目的が明らかであると認められる場合」に該当する場合であっても、患者・利用者等に利用目的をわかりやすく示す観点から、利用目的の公表に当たっては、当該利用目的についても併せて記載する。
- 院内や事業者内等への掲示に当たっては、受付の近くに当該内容を説明した表示を行い、初回の患者・利用者等に対しては、受付時や利用開始時において当該掲示についての注意を促す。
- 初診時や入院・入所時等における説明だけでは、個人情報について十分な理解ができない患者・利用者も想定されることから、患者・利用者が落ち着いた時期に改めて説明を行ったり、診療計画書、療養生活の手引き、訪問介護計画等のサービス提供に係る計画等に個人情報に関する取扱いを記載するなど、患者・利用者が個人情報の利用目的を理解できるよう配慮する。
- 患者・利用者等の希望がある場合、詳細の説明や当該内容を記載した書面の交付を行う。

3．個人情報の適正な取得、個人データ内容の正確性の確保（法第17条、第19条）　略
4．安全管理措置、従業者の監督及び委託先の監督（法第20条～第22条）　略
5．個人データの第三者提供（法第23条）

> （第三者提供の制限）
> 法第二十三条　個人情報取扱事業者は、次に掲げる場合を除くほか、あらかじめ本人の同意を得ないで、個人データを第三者に提供してはならない。
> 　一　法令に基づく場合
> 　二　人の生命、身体又は財産の保護のために必要がある場合であって、本人の同意を得ることが困難であるとき。
> 　三　公衆衛生の向上又は児童の健全な育成の推進のために特に必要がある場合であって、本人の同意を得ることが困難であるとき。
> 　四　国の機関若しくは地方公共団体又はその委託を受けた者が法令の定める事務を遂行することに対して協力する必要がある場合であって、本人の同意を得ることにより当該事務の遂行に支障を及ぼすおそれがあるとき。
> 2　個人情報取扱事業者は、第三者に提供される個人データ（要配慮個人情報を除く。以下この項において同じ。）について、本人の求めに応じて当該本人が識別される個人データの第三者への提供を停止することとしている場合であって、次に掲げる事項について、個人情報保護委員会規則で定めるところにより、あらかじめ、本人に通知し、又は本人が容易に知り得る状態に置くとともに、個人情報保護委員会に届け出たときは、前項の規定にかかわら

ず、当該個人データを第三者に提供することができる。
一　第三者への提供を利用目的とすること。
二　第三者に提供される個人データの項目
三　第三者への提供の方法
四　本人の求めに応じて当該本人が識別される個人データの第三者への提供を停止すること。
五　本人の求めを受け付ける方法
3　個人情報取扱事業者は、前項第二号、第三号又は第五号に掲げる事項を変更する場合は、変更する内容について、個人情報保護委員会規則で定めるところにより、あらかじめ、本人に通知し、又は本人が容易に知り得る状態に置くとともに、個人情報保護委員会に届け出なければならない。
4　個人情報保護委員会は、第二項の規定による届出があったときは、個人情報保護委員会規則で定めるところにより、当該届出に係る事項を公表しなければならない。前項の規定による届出があったときも、同様とする。
5　次に掲げる場合において、当該個人データの提供を受ける者は、前各号の規定の適用については、第三者に該当しないものとする。
一　個人情報取扱事業者が利用目的の達成に必要な範囲内において個人データの取扱いの全部又は一部を委託することに伴って当該個人データが提供される場合
二　合併その他の事由による事業の承継に伴って個人データが提供される場合
三　特定の者との間で共同して利用される個人データが当該特定の者に提供される場合であって、その旨並びに共同して利用される個人データの項目、共同して利用する者の範囲、利用する者の利用目的及び当該個人データの管理について責任を有する者の氏名又は名称について、あらかじめ、本人に通知し、又は本人が容易に知り得る状態に置いているとき。
6　個人情報取扱事業者は、前項第三号に規定する利用する者の利用目的又は個人データの管理について責任を有する者の氏名若しくは名称を変更する場合は、変更する内容について、あらかじめ、本人に通知し、又は本人が容易に知り得る状態に置かなければならない。

(1) 第三者提供の取扱い

医療・介護関係事業者は、あらかじめ本人の同意を得ないで、個人データを第三者に提供してはならないとされており、次のような場合には、本人の同意を得る必要がある。

（例）
・民間保険会社からの照会
患者が民間の生命保険に加入しようとする場合、生命保険会社から患者の健康状態等について照会があった場合、患者の同意を得ずに患者の現在の健康状態や既往歴等を回答してはならない。
交通事故によるけがの治療を行っている患者に関して、保険会社から損害保険金の支

払いの審査のために必要であるとして症状に関する照会があった場合、患者の同意を得ずに患者の症状等を回答してはならない。
- ・職場からの照会
   職場の上司等から、社員の病状に関する問合せがあったり、休職中の社員の職場復帰の見込みに関する問合せがあった場合、患者の同意を得ずに患者の病状や回復の見込み等を回答してはならない。
- ・学校からの照会
   学校の教職員等から、児童・生徒の健康状態に関する問合せがあったり、休学中の児童・生徒の復学の見込みに関する問合せがあった場合、患者の同意を得ずに患者の健康状態や回復の見込み等を回答してはならない。
- ・マーケティング等を目的とする会社等からの照会
   健康食品の販売を目的とする会社から、高血圧の患者の存在の有無について照会された場合や要件に該当する患者を紹介して欲しい旨の依頼があった場合、患者の同意を得ずに患者の有無や該当する患者の氏名・住所等を回答してはならない。

(2) 第三者提供の例外
　　ただし、次に掲げる場合については、本人の同意を得る必要はない。
　①法令に基づく場合
　　　医療法に基づく立入検査、介護保険法に基づく不正受給者に係る市町村への通知、児童虐待の防止等に関する法律に基づく児童虐待に係る通告等、法令に基づいて個人情報を利用する場合であり、医療機関等の通常の業務で想定される主な事例は別表3のとおりである。
　　　（Ⅲ1．(2)①参照）
　②人の生命、身体又は財産の保護のために必要がある場合であって、本人の同意を得ることが困難であるとき
　　　（例）
- ・意識不明で身元不明の患者について、関係機関へ照会したり、家族又は関係者等からの安否確認に対して必要な情報提供を行う場合
- ・意識不明の患者の病状や重度の認知症の高齢者の状況を家族等に説明する場合
- ・大規模災害等で医療機関に非常に多数の傷病者が一時に搬送され、家族等からの問合せに迅速に対応するためには、本人の同意を得るための作業を行うことが著しく不合理である場合
   ※なお、「本人の同意を得ることが困難であるとき」には、本人同意を求めても同意しない場合、本人に同意を求める手続を経るまでもなく本人の同意を得ることができない場合等が含まれるものである。

　③公衆衛生の向上又は児童の健全な育成の推進のために特に必要がある場合であって、本人の同意を得ることが困難であるとき
　　　（例）
- ・健康増進法に基づく地域がん登録事業による国又は地方公共団体への情報提供

・がん検診の精度管理のための地方公共団体又は地方公共団体から委託を受けた検診機関に対する精密検査結果の情報提供
　　・児童虐待事例についての関係機関との情報交換
　　・医療安全の向上のため、院内で発生した医療事故等に関する国、地方公共団体又は第三者機関等への情報提供のうち、氏名等の情報が含まれる場合
　④国の機関若しくは地方公共団体又はその委託を受けた者が法令の定める事務を遂行することに対して協力する必要がある場合であって、本人の同意を得ることにより当該事務の遂行に支障を及ぼすおそれがあるとき
　　（例）
　　・統計法第2条第7項の規定に定める一般統計調査に協力する場合
　　・災害発生時に警察が負傷者の住所、氏名や傷の程度等を照会する場合等、公共の安全と秩序の維持の観点から照会する場合
(3) 本人の同意が得られていると考えられる場合
　医療機関の受付等で診療を希望する患者は、傷病の回復等を目的としている。一方、医療機関等は、患者の傷病の回復等を目的として、より適切な医療が提供できるよう治療に取り組むとともに、必要に応じて他の医療機関と連携を図ったり、当該傷病を専門とする他の医療機関の医師等に指導、助言等を求めることも日常的に行われる。また、その費用を公的医療保険に請求する場合等、患者の傷病の回復等そのものが目的ではないが、医療の提供には必要な利用目的として提供する場合もある。このため、第三者への情報の提供のうち、患者の傷病の回復等を含めた患者への医療の提供に必要であり、かつ、個人情報の利用目的として院内掲示等により明示されている場合は、原則として黙示による同意が得られているものと考えられる。
　なお、傷病の内容によっては、患者の傷病の回復等を目的とした場合であっても、個人データを第三者提供する場合は、あらかじめ本人の明確な同意を得るよう求めがある場合も考えられ、その場合、医療機関等は、本人の意思に応じた対応を行う必要がある。
①患者への医療の提供のために通常必要な範囲の利用目的について、院内掲示等で公表しておくことによりあらかじめ黙示の同意を得る場合
　医療機関の受付等で、診療を希望する患者から個人情報を取得した場合、それらが患者自身の医療サービスの提供のために利用されることは明らかである。このため、院内掲示等により公表して、患者に提供する医療サービスに関する利用目的について患者から明示的に留保の意思表示がなければ、患者の黙示による同意があったものと考えられる。（Ⅲ2．参照）
　また、
　　㈇患者への医療の提供のため、他の医療機関等との連携を図ること
　　㈈患者への医療の提供のため、外部の医師等の意見・助言を求めること
　　㈉患者への医療の提供のため、他の医療機関等からの照会があった場合にこれに応じること
　　㈊患者への医療の提供に際して、家族等への病状の説明を行うこと
　等が利用目的として特定されている場合は、これらについても患者の同意があったものと考

えられる。
②この場合であっても、黙示の同意があったと考えられる範囲は、患者のための医療サービスの提供に必要な利用の範囲であり、別表2の「患者への医療の提供に必要な利用目的」を参考に各医療機関等が示した利用目的に限られるものとする。
　なお、院内掲示等においては、
　(ｱ)患者は、医療機関等が示す利用目的の中で同意しがたいものがある場合には、その事項について、あらかじめ本人の明確な同意を得るよう医療機関等に求めることができること。
　(ｲ)患者が、(ｱ)の意思表示を行わない場合は、公表された利用目的について患者の同意が得られたものとすること。
　(ｳ)同意及び留保は、その後、患者からの申出により、いつでも変更することが可能であること。
をあわせて掲示するものとする。
※上記①の(ｱ)～(ｴ)の具体例
（例）
・他の医療機関宛に発行した紹介状等を本人が持参する場合
　　医療機関等において他の医療機関等への紹介状、処方せん等を発行し、当該書面を本人が他の医療機関等に持参した場合、当該第三者提供については、本人の同意があったものと考えられ、当該書面の内容に関し、医療機関等との間での情報交換を行うことについて同意が得られたものと考えられる。
・他の医療機関等からの照会に回答する場合
　　診療所Aを過去に受診したことのある患者が、病院Bにおいて現に受診中の場合で、病院Bから診療所Aに対し過去の診察結果等について照会があった場合、病院Bの担当医師等が受診中の患者から同意を得ていることが確認できれば、診療所Aは自らが保有する診療情報の病院Bへの提供について、患者の同意が得られたものと考えられる。
・家族等への病状説明
　　病態等について、本人と家族等に対し同時に説明を行う場合には、明示的に本人の同意を得なくても、その本人と同時に説明を受ける家族等に対する診療情報の提供について、本人の同意が得られたものと考えられる。
　　同様に、児童・生徒の治療に教職員が付き添ってきた場合についても、児童・生徒本人が教職員の同席を拒まないのであれば、本人と教職員を同席させて、治療内容等について説明を行うことができると考えられる。
③医療機関等が、労働安全衛生法第66条、健康保険法第150条、国民健康保険法第82条又は高齢者の医療の確保に関する法律第20条、第24条若しくは第125条により、事業者又は保険者が行う健康診断等を受託した場合、その結果である労働者等の個人データを委託元である当該事業者又は保険者に対して提供することについて、本人の同意が得られていると考えられる。

④介護関係事業者については、介護保険法に基づく指定基準において、サービス担当者会議等で利用者の個人情報を用いる場合には利用者の同意を、利用者の家族の個人情報を用いる場合には家族の同意を、あらかじめ文書により得ておかなければならないとされていることを踏まえ、事業所内への掲示によるのではなく、サービス利用開始時に適切に利用者から文書により同意を得ておくことが必要である。

(4)「第三者」に該当しない場合
　①他の事業者等への情報提供であるが、「第三者」に該当しない場合
　　　法第23条第5項各号に掲げる場合の当該個人データの提供を受ける者については、第三者に該当せず、本人の同意を得ずに情報の提供を行うことができる。医療・介護関係事業者における具体的事例は以下のとおりである。
　・検査等の業務を委託する場合
　・外部監査機関への情報提供（（公益財団法人）日本医療機能評価機構が行う病院機能評価等）
　・個人データを特定の者との間で共同して利用するとして、あらかじめ本人に通知等している場合
　　※個人データの共同での利用における留意事項
　　　　病院と訪問看護ステーションが共同で医療サービスを提供している場合など、あらかじめ個人データを特定の者との間で共同して利用することが予定されている場合、㋐共同して利用される個人データの項目、㋑共同利用者の範囲（個別列挙されているか、本人から見てその範囲が明確となるように特定されている必要がある）、㋒利用する者の利用目的、㋓当該個人データの管理について責任を有する者の氏名又は名称、をあらかじめ本人に通知し、又は本人が容易に知り得る状態においておくとともに、共同して利用することを明らかにしている場合には、当該共同利用者は第三者に該当しない。
　　　　この場合、㋐、㋑については変更することができず、㋒、㋓については、本人が想定することが困難でない範囲内で変更することができ、変更する場合は、本人に通知又は本人の容易に知り得る状態におかなければならない。
　②同一事業者内における情報提供であり、第三者に該当しない場合
　　　同一事業者内で情報提供する場合は、当該個人データを第三者に提供したことにはならないので、本人の同意を得ずに情報の提供を行うことができる。医療・介護関係事業者における具体的事例は以下のとおりである。
　・病院内の他の診療科との連携など当該医療・介護関係事業者内部における情報の交換
　・同一事業者が開設する複数の施設間における情報の交換
　・当該事業者の職員を対象とした研修での利用（ただし、第三者提供に該当しない場合であっても、当該利用目的が院内掲示等により公表されていない場合には、具体的な利用方法について本人の同意を得るか（Ⅲ1．参照）、個人が特定されないよう匿名化する必要がある（Ⅱ4．参照））
　・当該事業者内で経営分析を行うための情報の交換

(5) その他留意事項
- 他の事業者への情報提供に関する留意事項

　第三者提供を行う場合のほか、他の事業者への情報提供であっても、①法令に基づく場合など第三者提供の例外に該当する場合、②「第三者」に該当しない場合、③個人が特定されないように匿名化して情報提供する場合などにおいては、本来必要とされる情報の範囲に限って提供すべきであり、情報提供する上で必要とされていない事項についてまで他の事業者に提供することがないようにすべきである。

　特に、医療事故等に関する情報提供に当たっては、患者・利用者及び家族等の意思を踏まえ、報告において氏名等が必要とされる場合を除き匿名化（Ⅱ４．参照）を行う。また、医療事故発生直後にマスコミへの公表を行う場合等については、匿名化する場合であっても本人又は家族等の同意を得るよう努めるものとする。

（適切ではない例）
- 医師及び薬剤師が製薬企業のMR（医薬品情報担当者）、医薬品卸業者のMS（医薬品販売担当者）等との間で医薬品の投薬効果などについて情報交換を行う場合に、必要でない氏名等の情報を削除せずに提供すること。

【法の規定により遵守すべき事項等】
- 医療・介護関係事業者においては、あらかじめ本人の同意を得ないで、個人データを第三者に提供してはならない。なお、(2)の本人の同意を得る必要がない場合に該当する場合には、本人の同意を得る必要はない。
- 個人データの第三者提供について本人の同意があった場合で、その後、本人から第三者提供の範囲の一部についての同意を取り消す旨の申出があった場合は、その後の個人データの取扱いについては、本人の同意のあった範囲に限定して取り扱うものとする。

【その他の事項】
- 第三者提供に該当しない情報提供が行われる場合であっても、院内や事業所内等への掲示、ホームページ等により情報提供先をできるだけ明らかにするとともに、患者・利用者等からの問合せがあった場合に回答できる体制を確保する。
- 例えば、業務委託の場合、当該医療・介護関係事業者において委託している業務の内容、委託先事業者、委託先事業者との間での個人情報の取扱いに関する取り決めの内容等について公開することが考えられる。

6．外国にある第三者への提供の制限（法第24条）　略
7．第三者提供に係る記録の作成等（法第25条）　略
8．第三者提供を受ける際の確認等（法第26条）　略
9．保有個人データに関する事項の公表等（法第27条）　略
10．本人からの請求による保有個人データの開示（法第28条）　略
11．訂正及び利用停止（法第29条、第30条）　略
12．開示等の請求等に応じる手続及び手数料（法第32条、第33条）　略
13．理由の説明、事前の請求、苦情の対応（法第31条、第34条～第35条）　略

Ⅳ　ガイダンスの見直し等
1．必要に応じた見直し
　　個人情報の保護に関する考え方は、社会情勢や国民の意識の変化に対応して変化していくものと考えられる。このため、法及び本ガイダンスや「診療情報の提供等に関する指針」の運用状況等も踏まえながら、本ガイダンスについても必要に応じ検討及び見直しを行うものとする。

2．本ガイダンスを補完する事例集の作成・公開
　　個人情報保護委員会及び厚生労働省は、医療・介護関係事業者における個人情報の保護を推進し、医療・介護関係事業者における円滑な対応が図られるよう、本ガイダンスを補完する事例集を作成し、個人情報保護委員会及び厚生労働省のホームページにおいて公表する。
※「医療・介護関係事業者における個人情報の適切な取扱いのためのガイダンス」に関するQ&A

別表1　医療・介護関係法令において医療・介護関係事業者に作成・保存が義務づけられている記録例

（医療機関等（医療従事者を含む））
1　病院・診療所
- 診療録【医師法第24条、歯科医師法第23条】
- 処方せん【医師法第22条、歯科医師法第21条、医療法施行規則第20条、第21条の5、第22条の3、第22条の7】
- 麻酔記録【医療法施行規則第1条の10】
- 助産録【保健師助産師看護師法第42条】
- 照射録【診療放射線技師法第28条】
- 診療に関する諸記録
    ①　病院の場合　処方せん（再掲）、手術記録、看護記録、検査所見記録、エックス線写真、入院診療計画書【医療法施行規則第20条】
    ②　地域医療支援病院及び特定機能病院の場合　上記①に加え、紹介状、退院した患者に係る入院期間中の診療経過の要約【医療法施行規則第21条の5、第22条の3】
    ③　臨床研究中核病院の場合　上記①に加え、研究対象者に対する医薬品等の投与及び診療により得られたデータその他の記録【医療法施行規則第22条の7】
- 歯科衛生士業務記録【歯科衛生士法施行規則第18条】
- 歯科技工指示書【歯科技工士法第18条、第19条】

2　助産所
- 助産録【保健師助産師看護師法第42条】

3　薬局
- 処方せん（調剤した旨等の記入）【薬剤師法第26条、第27条】
- 調剤録【薬剤師法第28条】

4　衛生検査所
- 委託検査管理台帳、検査結果報告台帳、苦情処理台帳【臨床検査技師等に関する法律施行規則第12条第1項第15号、第12条の3】

5　指定訪問看護事業者
- 訪問看護計画書【指定訪問看護の事業の人員及び運営に関する基準第17条第1項】
- 訪問看護報告書【指定訪問看護の事業の人員及び運営に関する基準第17条第3項】

6　歯科技工所
- 歯科技工指示書【歯科技工士法第18条、第19条】

（介護関係事業者）※保存が想定されている記録も含む

1　指定訪問介護事業者
- 居宅サービス計画（通称：ケアプラン）【指定居宅サービス等の事業の人員、設備及び運営に関する基準第16条】
- サービスの提供の記録（通称：ケア記録、介護日誌、業務日誌）【指定居宅サービス等の事業の人員、設備及び運営に関する基準第19条】
- 訪問介護計画【指定居宅サービス等の事業の人員、設備及び運営に関する基準第24条第1項】
- 苦情の内容等の記録【指定居宅サービス等の事業の人員、設備及び運営に関する基準第36条第2項】

2　指定通所介護事業者
- 居宅サービス計画（通称：ケアプラン）【指定居宅サービス等の事業の人員、設備及び運営に関する基準第105条（準用：第16条）】
- サービスの提供の記録（通称：ケア記録、介護日誌、業務日誌）【指定居宅サービス等の事業の人員、設備及び運営に関する基準第105条（準用：第19条）】
- 通所介護計画【指定居宅サービス等の事業の人員、設備及び運営に関する基準第99条第1項】
- 苦情の内容等の記録【指定居宅サービス等の事業の人員、設備及び運営に関する基準第105条（準用：第36条第2項）】

3　特別養護老人ホーム
- 行った具体的な処遇の内容等の記録【特別養護老人ホームの設備及び運営に関する基準第9条第2項第2号】
- 入所者の処遇に関する計画【特別養護老人ホームの設備及び運営に関する基準第14条第1項】
- 身体的拘束等に係る記録【特別養護老人ホームの設備及び運営に関する基準第15条第5項】
- 苦情の内容等の記録【特別養護老人ホームの設備及び運営に関する基準第29条第2項】

別表2　医療・介護関係事業者の通常の業務で想定される利用目的　略

別表3　医療・介護関連事業者の通常の業務で想定される主な事例（法令に基づく場合）　略

別表4　医療関係資格、介護サービス従業者等に係る守秘義務等
（医療関係資格）

資格名	根拠法
医師	刑法第134条第1項
歯科医師	刑法第134条第1項
薬剤師	刑法第134条第1項
保健師	保健師助産師看護師法第42条の2
助産師	刑法第134条第1項
看護師	保健師助産師看護師法第42条の2
准看護師	保健師助産師看護師法第42条の2
診療放射線技師	診療放射線技師法第29条
臨床検査技師	臨床検査技師等に関する法律第19条
衛生検査技師	臨床検査技師等に関する法律第19条
理学療法士	理学療法士及び作業療法士法第16条
作業療法士	理学療法士及び作業療法士法第16条
視能訓練士	視能訓練士法第19条
臨床工学技士	臨床工学技士法第40条
義肢装具士	義肢装具士法第40条
救急救命士	救急救命士法第47条
言語聴覚士	言語聴覚士法第44条
歯科衛生士	歯科衛生士法第13条の6
歯科技工士	歯科技工士法第20条の2
あん摩マッサージ指圧師	あん摩マツサージ指圧師、はり師、きゅう師等に関する法律第7条の2
はり師	あん摩マツサージ指圧師、はり師、きゅう師等に関する法律第7条の2
きゅう師	あん摩マツサージ指圧師、はり師、きゅう師等に関する法律第7条の2
柔道整復師	柔道整復師法第17条の2
精神保健福祉士	精神保健福祉士法第40条

［守秘義務に係る法令の規定例］
○刑法第134条
　医師、薬剤師、医薬品販売業者、助産師、弁護士、弁護人、公証人又はこれらの職にあった者が、正当な理由がないのに、その業務上取り扱ったことについて知り得た人の秘密を漏らしたときは、六月以下の懲役又は十万円以下の罰金に処する。
○保健師助産師看護師法第42条の2
　保健師、看護師又は准看護師は、正当な理由がなく、その業務上知り得た人の秘密を漏らし

てはならない。保健師、看護師又は准看護師でなくなった後においても、同様とする。
（介護サービス事業者等）

事業者等	根拠法
市町村の委託を受けて要介護認定を行う者	介護保険法第27条第4項
各サービス事業所の従業者・職員	・指定居宅サービス等の事業の人員、設備及び運営に関する基準 ・指定介護予防サービス等の事業の人員、設備及び運営並びに指定介護予防サービス等に係る介護予防のための効果的な支援の方法に関する基準 ・指定地域密着型サービスの事業の人員、設備及び運営に関する基準 ・指定地域密着型介護予防サービスの事業の人員、設備及び運営並びに指定地域密着型予防サービスに係る介護予防のための効果的な支援の方法に関する基準 ・指定居宅介護支援等の事業の人員及び運営に関する基準 ・指定介護予防支援等の事業の人員及び運営並びに指定介護予防支援等に係る介護予防のための効果的な支援の方法に関する基準 ・指定介護老人福祉施設の人員、設備及び運営に関する基準 ・介護老人保健施設の人員、施設及び設備並びに運営に関する基準 ・指定介護療養型医療施設の人員、設備及び運営に関する基準 ・特別養護老人ホームの設備及び運営に関する基準

［守秘義務に係る法令の規定例］
○指定居宅サービス等の事業の人員、設備及び運営に関する基準
　　第33条　指定訪問介護事業所の従業者は、正当な理由がなく、その業務上知り得た利用者又はその家族の秘密を漏らしてはならない。
　2　指定訪問介護事業者は、当該指定訪問介護事業所の従業者であった者が、正当な理由がなく、その業務上知り得た利用者又はその家族の秘密を漏らすことがないよう、必要な措置を講じなければならない。

別表5　医学研究分野における関連指針　略
別表6　UNESCO国際宣言等　略

おわりに

　本書が発刊される2019（平成31）年は、新天皇の即位に伴い5月から新しい元号に切り替わります。この「おわりに」を書いている現時点では、どんな元号になるかわからないわけですが、新しい元号とともに、本書も第1歩を踏み出すことができることに筆者はとてもワクワクしております。
　思い返せば、共著者の石山さんがまだ東京海上日動ベターライフサービス株式会社にいた頃、筆者の書いた『身近な事例で学ぶ看護倫理』を読んで、「介護職にこそ倫理が必要」と切実にケアマネジャーの現状を訴えたのが10年前のことでした。そこから本書の企画がスタートし、紆余曲折を経て、現実的に動き出したのが2016（平成28）年でした。そして、動き出してからも非常に難産ではありましたが、この節目の年に無事に誕生させていただけることに感謝の気持ちでいっぱいです。
　ケアマネジャーは、2000（平成12）年に誕生した比較的新しい職業ですが、約20年という年月のなかで、試行錯誤を繰り返しながら利用者本位のケアマネジメントを追求し、そして専門職として成長してきたことでしょう。
　平成に誕生し、今や成人を迎えたケアマネジャー。これからも悩んだり、迷ったり、職業的アイデンティティーに苦悩することがあると思います。それでも専門職としての誇りをもって、利用者主体の倫理的実践を実現したいと願うのであれば、きっと本書が役に立ってくれるでしょう。じっくりと読み込んでいただければ幸いです。
　もちろん、倫理的実践は頭で理解できてもそれを実践することはたやすくありません。困難なこともたくさんあります。そもそも倫理には唯一の正解があるわけではなく、置かれた状況のなかで最善の選択をすることしかできないのです。しかし、倫理的な判断が迫られる場面においては、一人の人間として、専門職として何を選ぶかということは、自分がどうありたいか、ど

う生きていきたいのかということを選ぶことと同じなのです。ケアマネジャーという専門職として誇りをもって倫理的問題と向き合ってください。そして、他者の存在を大切に思い、自分の気持ちが温かくなる選択ができるケアマネジャーとして、皆さんがさらに成長していかれることを心より願っております。

　前述のとおり、本書を執筆したいと最初に口にしたのは石山さんですが、業務が多忙を極めるなかでも、どうにか原稿を形にしていただきました。

　中央法規出版の中村強さんには本書の企画から発刊に至るまで、辛抱強くお付き合いいただき大変感謝しております。本書は中村さんの忍耐と励ましがなければ誕生することはできなかったでしょう。

　こころよりお礼申し上げます。

　最後に、雨の降る日も風の日も、ユーモアがあれば太陽が顔を見せてくれることでしょう。あなたの極上の笑顔を利用者さんに届けてください。

2019年2月

慶應義塾大学看護医療学部教授
宮脇美保子

索引

あ

アサーション ………………………………… 225
安全 …………………………………………… 124
医師の倫理綱領 ………………………………… 18
医の倫理綱領 ………………………………… 252
医療・介護関係事業者における個人情報の適切な取扱いのためのガイダンス ……………………………………… 258
医療倫理の原則 ………………………………… 41
インガム ……………………………………… 211
インフォームド・コンセント ……… 36, 42
笑顔 …………………………………………… 218
エンパワメント ……………………………… 226

か

介護支援専門員　倫理綱領 ………… 10, 78
開放の窓 ……………………………………… 212
家族の意向 …………………………………… 129
家族の尊厳 …………………………… 160, 188
家族役割 ……………………………………… 112
価値 ……………………………………………… 31
…の調整 ……………………………………… 132
看護者の倫理綱領 ………………… 19, 253
患者の権利 ……………………………………… 40
感情管理 ……………………………………… 154
感情労働 ………………………………… 34, 157
危機理論 ……………………………………… 167
希望 …………………………………………… 206
居宅介護支援事業所の管理者 ……………… 64
苦情 ……………………………………………… 95
苦情対応 ………………………………… 96, 98
ケアの倫理 ……………………………………… 46

ケアマネジメント機能 ………………… 52, 54
ケアマネジャーの価値観 …………………… 56
ケアマネジャーの責務 ……………………… 58
ケアリング …………………………………… 204
研究倫理 ……………………………………… 245
研究倫理指針 ………………………………… 248
言語的コミュニケーション ……………… 208
謙遜 …………………………………………… 206
権利擁護 ………………………………………… 84
公正・中立 ……………………………… 89, 186
高齢者虐待の防止、高齢者の養護者に対する支援等に関する法律 ……… 124
高齢者虐待防止法 …………………………… 124
個人情報 ………………………………… 179, 231
　…の保護 ……………………………… 67, 233
　…の漏洩 …………………………………… 141
個人情報保護法 ……………………………… 140
個人的価値 ……………………………… 32, 107
個人の尊厳 ……………………………… 10, 28
コミュニケーション ………… 42, 144, 202
　…の技法 …………………………………… 214
　…の要素 …………………………………… 207
コミュニケーションパターン …………… 148

さ

社会的信頼 ……………………………………… 90
終末期医療 ……………………………………… 29
主任介護支援専門員 ………………………… 64
守秘義務 ……………………………………… 124
正直 …………………………………………… 206
情報共有 ……………………………………… 150
情報提供 ……………………………………… 150
情報漏洩 ……………………………………… 139

索 引

職業的アイデンティティー ················ 55
職業的価値 ····················· 32, 107, 170
ジョハリの窓 ································ 211
自立支援 ································ 10, 83
自律尊重 ·· 41
事例検討会 ·································· 230
　…の主催者 ································ 235
　…の種類 ···································· 232
人生の最終段階 ······························ 29
人生の最終段階における医療・ケア
　の決定プロセスに関するガイドラ
　イン ··· 255
信用 ··· 200
信頼 ····································· 200, 206
信頼関係 ························· 200, 201, 202
ストレスコーピング理論 ················ 167
正義 ··· 45
説明責任 ···························· 94, 146, 149
善行 ··· 45
専門職 ································· 17, 213
専門職意識 ··························· 134, 164
専門的知識 ···································· 88
組織的価値 ·························· 32, 170
尊厳の保持 ····································· 61

た

代弁機能 ·· 86
他者への関心 ······························· 212
多職種連携 ·························· 60, 101
タスキギー梅毒研究 ······················· 36
地域共生社会 ································· 75
地域ケア会議 ······················ 162, 244
地域包括ケア ······························· 102

チームアプローチ ················ 60, 224
知識 ··· 206
道徳 ··· 27
特定事業所加算 ····························· 75
閉じられた質問 ···························· 218

な

ニュルンベルク綱領 ······················· 35
忍耐 ··· 206

は

バイステック ································ 92
配慮不足 ······································ 118
パターナリズム ····························· 39
非言語的コミュニケーション ······· 209
非効果的コミュニケーション ······· 220
秘密の窓 ······································ 212
秘密保持 ······························· 91, 140
開かれた質問 ······························· 218
ファシリテーター ······················· 239
フィンク ····································· 167
不誠実 ··· 154
フリードソン ································ 39
ヘルシンキ宣言 ····························· 36
ベルモント・レポート ·················· 38
ヘンダーソン ······················· 20, 181
法 ··· 27
法令遵守 ······································· 93
ホックシールド ···················· 34, 157

ま

未知の窓 …………………………… 212
無危害 ……………………………… 45
メイヤロフ ……………………… 47, 205
盲点の窓 …………………………… 212

や

勇気 ………………………………… 206
ユーモア …………………………… 218
要配慮個人情報 …………………… 236

ら

リスクマネジメント ……………… 193
リズムを変えること ……………… 206
利用者の尊厳 ……………………… 188
利用者本位 ………………………… 243
臨床倫理の4分割法 ……………… 46
倫理 ………………………………… 26
倫理原則 …………………………… 35
倫理綱領 ………………………… 18, 28
　…の前文 ……………………… 19, 81
倫理的感受性 ……………………… 11
倫理的ジレンマ ………… 26, 124, 170
ルフト ……………………………… 211
レジリエンス …………… 21, 23, 168
連携 ………………………………… 100
ロールプレイング ………………… 149

著者紹介

宮脇美保子（みやわき・みほこ）――序章・第1章・第3章～第5章
慶應義塾大学看護医療学部健康マネジメント研究科教授　博士（看護学）
文部省長期在外研究員として、アメリカでケアリング研究に従事。鳥取大学医学部保健学科、順天堂大学医療看護学部等を経て、2009年より現職。

主な著書
『看護学概論（新体系看護学全書―基礎看護学）第4版』（編著）メヂカルフレンド社、2017年、『基礎看護技術Ⅰ（新体系看護学全書―基礎看護学）第5版』（共著）メヂカルフレンド社、2017年、『看護理論家の業績と理論評価』（共著）医学書院、2015年、『看護理論（改訂第2版）――看護理論20の理解と実践への応用』（共著）南江堂、2015年、『看護実践のための倫理と責任――事例検討から学ぶ』（単著）中央法規出版、2014年、『看護師が辞めない職場環境づくり――新人が育ち自分も育つために』（単著）中央法規出版、2012年、『シリーズ生命倫理学第14巻 看護倫理』（編著）丸善出版、2012年、『臨床看護総論（新体系看護学全書―基礎看護学）第2版』（編著）メヂカルフレンド社、2012年、『身近な事例で学ぶ看護倫理』（単著）中央法規出版、2008年、『看護に生かすフィジカルアセスメント』（編著）照林社、2006年、ほか多数。

翻訳書
『ワトソン看護におけるケアリングの探求――手がかりとしての測定用具』（共訳）日本看護協会出版会、2003年、『ケアリングとしての看護――新しい実践のためのモデル』（共訳）ふくろう出版、2005年、『病院倫理入門――医療専門職のための臨床倫理テキスト』（共訳）丸善出版、2011年

石山麗子（いしやま・れいこ）――序章・第2章・第3章・第5章
国際医療福祉大学大学院医療福祉経営専攻教授　博士（医療福祉学）
障害者の生活支援・就労支援を経て介護保険制度における高齢者ケアに従事。東京海上日動ベターライフサービス株式会社シニアケアマネジャー、厚生労働省老健局振興課介護支援専門官を経て2018年より現職。

主な著書
『事例で見る自立支援型ケアプランの書き方――朱書き解説付き 平成24年制度改正対応版 これからのケアマネ本』（編著）ひかりのくに、2012年、『居宅ケアプランのつくり方――事例付き わかりやすいアセスメント』（共著）東京都福祉保健財団、2015年、『わかりやすい介護保険制度改正の概要――平成30年度制度改正のポイント』（共著）東京都福祉保健財団、2018年ほか。

身近な事例で学ぶケアマネジャーの倫理

2019年3月31日 発行

著　者………宮脇美保子・石山麗子
発行者………荘村明彦
発行所………中央法規出版株式会社
　　　　〒110-0016　東京都台東区台東3-29-1　中央法規ビル
　　　　営　　業　TEL 03-3834-5817　FAX 03-3837-8037
　　　　書店窓口　TEL 03-3834-5815　FAX 03-3837-8035
　　　　編　　集　TEL 03-3834-5812　FAX 03-3837-8032
　　　　https://www.chuohoki.co.jp/
印刷・製本………長野印刷商工株式会社
装　幀………二ノ宮匡（ニクスインク）
本文イラスト…たば　やん

定価はカバーに表示してあります。

ISBN978-4-8058-5852-3

本書のコピー、スキャン、デジタル化等の無断複製は、著作権法上での例外を除き禁じられています。また、本書を代行業者等の第三者に依頼してコピー、スキャン、デジタル化することは、たとえ個人や家庭内での利用であっても著作権法違反です。

落丁本・乱丁本はお取り替えいたします。
本書に関するご意見・ご感想をメールでお寄せいただく場合は、下記のアドレスまでお願いいたします。
reader@chuohoki.co.jp